BIBLIOTHÈQUE DE POCHE
LES CONTES DU MONDE ENTIER

GNOMES, LUTINS, KORRIGANS

FARFADETS, TROLLS & AUTRES GÉNIES DU MONDE

Bibliothèque de poche
Les contes du monde entier

GNOMES, LUTINS, KORRIGANS
FARFADETS, TROLLS & AUTRES GÉNIES DU MONDE

TEXTES PRÉSENTÉS PAR
DOMINIQUE BESANÇON
& SYLVIE FERDINAND

Nouvelle édition illustrée

Terre de Brume
2006

Illustration de couverture :
Illustration pour "L'Eau de la vie", conte de Grimm
par Arthur Rackham

ISBN 2-84362-296-4

LES PLUS BEAUX CONTES DU MONDE

En trois mots et une phrase, je peux traverser des siècles et enjamber des continents. (Nacer Khemir)

Chaque volume de cette collection présente un recueil de textes courts consacrés à un thème. Par texte court nous pensons particulièrement – mais pas uniquement – au conte. C'est par lui, en effet, que l'homme a de tout temps exprimé ses craintes et ses désirs, donné son interprétation du monde et transmis une sagesse. Courant de bouche à oreille, il a su pendant des siècles et des siècles remplir une quadruple fonction : didactique, car il transmet un savoir ancestral ; ludique car il comporte toujours une part de jeu ; artistique, car il suppose un public et un conteur qui, professionnel ou non, donne vie à son récit ; sociale enfin car il réunit les êtres et se fait l'écho d'une certaine communauté avec ses règles et ses croyances, ses modes de vie, sa psychologie.

Et pourtant il est universel. Traversant le temps et l'espace, il a laissé son empreinte au Moyen Âge et au XXe siècle, en Europe et en Asie, en Inde et au Canada *.

Il est universel parce qu'il correspond à des préoccupations communes à toutes les civilisations et qu'il a accompagné les hommes dans leurs pérégrinations. Se souvient-on que les voyageurs de jadis payaient l'hospitalité en racontant des histoires ? Partout dans le monde courent des aventures de garçons pauvres mais malins, qui finissent rois.

Pour circuler dans des milieux avant tout populaires, son pouvoir et sa richesse n'échappèrent pas aux intellectuels qui, très tôt, le consignèrent par écrit. Au Moyen Âge des prédicateurs l'utilisèrent dans leurs sermons comme exemple moral et au XVIIe siècle, Charles Perrault en fit l'utilisation que l'on sait.

Toutefois, il fallut attendre le XIXe siècle pour que soient massivement recueillis ce que l'on nommait les "Trésors de la mémoire populaire". Armés de leur calepin et de leurs crayons, des "folkloristes" s'en furent jusqu'au fin fond de nos campagnes pour glaner ces "trésors" avant qu'il ne soient balayés par le modernisme. Fort heureusement, cet engouement se répandit également hors d'Europe, soit par

* Au début du XXe siècle, le Finlandais Antti Aarne, constatant que de nombreux contes ont des ressemblances indéniables, fut le premier à définir la notion de conte-type. Un conte-type regroupe les récits dont les éléments ou motifs s'organisent selon un agencement identique malgré les variantes possibles. Son catalogue, complété par l'Américain Stith Thompson, est adopté par les spécialistes. Notre collection n'ayant aucune prétention savante, cette notion n'est pas utilisée. En revanche, les commentaires signalent les particularités du conte présenté.

le fait des lettrés locaux, soit parce que des Européens en poste à l'étranger eurent la bonne idée de se livrer au collectage. Ont-ils transcrit "à la lettre" ce qu'ils ont entendu ? Le penser serait faire preuve d'un optimisme exagéré. Ils devaient se plier aux normes de publication de leur époque et rendre compréhensible à l'écrit une littérature originellement orale. Limitée à quelques rectifications de style, leur transcription reste néanmoins fidèle.

L'objectif de cette collection est d'accorder une large place à ce type de textes, qui, pour traiter de sujets internationaux, n'en portent pas moins les marques d'une région ou d'un pays, celles d'un narrateur avec ses tics, ses inventions et, parfois, ses maladresses. Mais comment les trouver ? Certes, nous connaissions les ouvrages de bon nombre de "folkloristes" réputés pour leur fidélité à la tradition orale, mais nous voulions aussi offrir au lecteur quelques pièces rares ou étonnantes qui ne courent pas les catalogues d'éditeurs. Pour cela nous avons fait appel à une revue dont le dessein était justement de présenter les études de chercheurs français ou étrangers : *La Revue des traditions populaires*. Créée en 1886 par le Breton Paul Sébillot, elle expose une multitude de croyances, coutumes, contes et légendes. C'est à cette mine que nous avons puisé, dépouillant les milliers de pages publiées pendant ses trente-quatre ans (1886-1919) d'existence.

Toutefois cette contribution de spécialistes ne nous a pas paru refléter l'extraordinaire influence du genre. Des auteurs tels que Erckmann-Chatrian ou Anatole Le Braz, pour n'en citer que quelques-uns, se sont livrés à un travail de réécriture du récit populaire sans en altérer le fond ; d'autres, plus connus, tels que Charles Nodier, George Sand, Gérard de Nerval, Walter Scott, s'en sont librement inspirés. Restait encore à surmonter l'obstacle de la langue car bien des textes étrangers avaient été traduits en anglais et en allemand mais pas en français *. Notre collaboratrice, Sylvie Ferdinand, a mis à notre disposition sa grande connaissance de la littérature légendaire – celtique et scandinave en particulier – pour nous la rendre accessible. Les ressources de l'imagination sont vastes et d'autant plus riches qu'elles s'expriment de différentes façons. Déclinaisons autour d'un thème, variété de ton, de style, d'esprit, promenades dans le monde... tel est ce que nous voulions offrir au lecteur.

C'est la première fois, à notre connaissance, qu'une telle collection voit le jour. Destinée à un large public d'adultes et d'adolescents, elle comprendra une dizaine de volumes thématiques composés de deux parties : les contes des "pays" de France ; les contes des pays du monde. Puissent ces voyages littéraires faire rêver notre lecteur en le guidant dans la fascinante diversité de l'imaginaire universel.

* Ou dans une traduction trop ancienne ou trop savante qui la rend difficilement compréhensible aux non-initiés. *(N.d.l'É.)*

PRÉFACE

Homme, libre penseur ! te crois-tu seul pensant
Dans ce monde où la vie éclate en toute chose !
(Gérard de Nerval, *Les Chimères)*

Dessin de Dominique Besançon.

Alerte sur la planète ! Depuis quelques décennies de curieux personnages envahissent nos jardins. Ils sont petits, laids, vieux, vêtus de couleurs vives et coiffés d'un drôle de bonnet. Ils ont leurs détracteurs et leurs défenseurs, font l'objet de très sérieux congrès et, comble du comble, sont parfois victimes de rapts !

Phénomène de mode, commercial, grotesque, grognent les rationnels. Que nenni ! Car de jardins ou pas, les nains sont aussi vieux que le monde et internationaux. Sait-on que dans l'Antiquité gréco-latine des figurines au phallus géant étaient placées dans les domaines afin d'écarter les voleurs et les maléfices, et d'assurer l'abondance et la fertilité ? Sait-on encore qu'à chaque fête importante, les Romains disposaient près de l'âtre des offrandes d'encens, de nourriture et de vin aux Mânes, aux Pénates et aux Lares* pour s'attirer leurs bonnes grâces ? Bienveillantes, ces divinités domestiques faisaient toutefois chèrement payer l'ingratitude de leurs protégés. Exactement comme nos célèbres lutins ou nains du foyer dont le bonnet pointu n'est pas sans évoquer l'attribut masculin. Ces petites créatures furètent la nuit dans nos maisons, font le ménage, s'occupent des chevaux et ne rechignent pas à lutiner la jolie fermière. Malgré leur espièglerie, elles sont fidèles et généreuses tant que leur sont rendus les hommages d'usage : nourriture, place près de la cheminée et un peu de reconnaissance. Une sorte de contrat en somme, dont le non respect mène inévitablement au désastre. Nous voilà loin des puérilités ou, pour ce qui concerne les nains de

* Représentés sous la forme d'un phallus dressé au centre du foyer, les Lares veillaient sur l'ensemble de la maisonnée et de la propriété. Les Mânes étaient les esprits des bons ancêtres défunts. On a longtemps enterré les morts sous les maisons, ce qui explique peut-être l'amalgame entre ces derniers et les nains domestiques, dont l'aspect (vieux, tordus) n'est pas sans rappeler celui des trépassés dans leur tombe. Quant au sens du mot "Pénates" : "garde-manger", il est tout à fait évocateur et est resté dans notre expression familière : "rentrer dans ses pénates".

jardins, des simples statuettes décoratives. À moins que les objets aient une âme. Les objets ? Les forêts, les montagnes, les rivières, les rochers ont une âme, chaque infime parcelle du cosmos est dotée d'un pouvoir spirituel qui l'anime. Il faut l'arrogance de l'Occidental moderne pour se prétendre l'unique intelligence d'un monde dont la face invisible est si abondamment peuplée.

De tout temps et en tous lieux, on a cru à l'existence d'êtres étranges qui, tapis dans l'ombre, hantent les maisons, les landes, les profondeurs des forêts et des eaux. Qu'on les nomme lutins, nains, génies, gnomes, trolls... ils appartiennent à la vaste catégorie des esprits de la Nature * et des ancêtres dont ils incarnent l'âme. Intermédiaires entre les dieux – dont ils tiennent leur puissance – et le genre humain, ils sont redoutés et vénérés. Quoi de plus normal puisqu'ils occupaient la place avant nous et nous sont infiniment supérieurs ? Détenteurs de trésors cachés, ils connaissent les secrets de la métallurgie, de la médecine, des arts et se métamorphosent à volonté. Habiles cultivateurs, artisans, forgerons, poètes, danseurs et musiciens, ils nous transmettent leur savoir ou nous le cèlent, nous aident ou nous détruisent. En un mot, ils font la pluie et le beau temps dans notre vie dont ils influencent la destinée en fonction de notre comportement à leur égard. Que ferait un propriétaire terrien si de nouveaux venus se conduisaient chez lui comme en pays conquis... si ce n'est les châtier et les bouter dehors comme il se doit ? C'est bien ce que font les puissances qui avaient élu

* Que par un amusant retournement, nous appelons "entités surnaturelles". Supérieures à la nature humaine ? C'est certain.

domicile là où nous bâtissons notre demeure, ou occupaient les endroits inexplorés que nous entreprenons de coloniser. À peine nos aïeux quittaient-ils leur logis (dont ils avaient apprivoisé le génie) qu'ils se trouvaient plongés dans un "no man's land" sauvage et terrifiant. Allaient-ils s'abreuver à une fontaine ? Il en surgissait une fée * ou un nain hideux. S'aventuraient-ils dans une lande déserte ? Ils se trouvaient entourés d'une kyrielle de farfadets braillards. Farouches gardiens de leur territoire, les génies locaux pouvaient toutefois, à l'instar de leurs homologues domestiques, se montrer conciliants : à condition qu'on leur fasse allégeance.

Ce que ne pouvaient évidemment tolérer les religions monothéistes qui s'acharnèrent à les diaboliser. Mais une nouvelle religion ne supplante jamais totalement l'ancienne, trop profondément ancrée dans les mentalités collectives : "Chassez les vieux démons..." C'est d'autant plus vrai que ce vocable est à prendre au sens propre qui, en grec, désigne une divinité intermédiaire par opposition à "theos" : un dieu en personne. "Tout ce qui est démon tient le milieu entre les dieux et les mortels" déclare Platon qui ajoute en parlant de Socrate : "Il a donc raison, lui et beaucoup d'autres poètes, qui disent qu'à sa mort un homme de bien obtient une haute destinée et de grands honneurs et qu'il devient démon..." Petite divinité ou bon mort, le démon s'apparente dans ce cas davantage à l'ange gardien qu'au grand Satan, quoi qu'en dise l'Église. Il a pour cousin germain le "genius" romain qui

* Ces deux catégories d'entités surnaturelles ont de nombreuses caractéristiques communes. Cf. notre recueil *Fées, Naïades et Nymphes*, Terre de Brume Éditions, 2005, nouvelle édition illustrée.

était le dieu protecteur des Étrusques. À l'origine, il n'y en avait qu'un pour tous ; par la suite chaque personne eut le sien, une espèce de second moi qui la surveillait et l'accompagnait toute sa vie. Notre terme "génie" est également issu du verbe arabe "janna" qui signifie "envelopper", "plonger dans l'obscurité", "s'emparer de quelqu'un", incarné dans la littérature musulmane par les Djinns *. Survivance de la croyance pré-islamique en des êtres malins, polymorphes et éventuellement dangereux, le Djinn est souvent mentionné dans le Coran comme un mauvais esprit voué à l'enfer et subit donc le même sort que son confrère chrétien.

Soulignons que, de nos jours encore, on croit fermement en son existence.

Finalement, les vieux démons n'ont pas eu à revenir puisqu'ils ne sont jamais partis. Ils se dissimulent simplement sous une multitude de formes et de noms. Tantôt minuscules, tantôt gigantesques, ils apparaissent et disparaissent à leur gré mais se manifestent surtout à l'heure des angoisses et des fantasmes. Bien que tourmenté par le démon de midi, le lutin qui s'assied sur notre poitrine et nous inflige d'oppressants cauchemars porte bien son nom (de l'ancien français "nuiton", nuit). Ils folâtrent dans les ténèbres de notre conscience comme ils règnent dans l'obscurité des sites

* On reconnaît dans le "Djinn" la racine "gen" : création qui a donné "génétique", "ingénieur", "généalogie"... Le Coran est assez ambigu à leur sujet puisqu'il les présente parfois comme de bons croyants, alors que la Bible a "satanisé" les démons dont l'emblème est le serpent. Or, dans l'Antiquité, ces entités étaient figurées sous la forme d'un serpent, symbole phallique, qui donne la vie et la conserve de génération en génération. Certains de nos textes font allusion au serpent, entretenant ainsi la confusion entre le Diable et les esprits de la Nature.

inconnus. Comment, sinon, expliquer l'incompréhensible ? Qui provoque les coups de grisous si ce n'est les esprits souterrains qui veillent jalousement sur leurs trésors enfouis ? Et les inondations quand on détourne le cours d'une rivière ? On avait coutume, naguère, d'immoler un animal dans les fondations des maisons, et de faire précéder l'ouverture d'une mine par un rituel destiné à apaiser les maîtres des lieux. Moyennant quoi, ces derniers acceptaient de livrer les richesses du territoire dont ils sont les antiques sentinelles.

Brouilles et accordailles, malheurs et bonheurs, rires et frayeurs, les "Contes du monde entier" présentés ici relatent la difficile cohabitation de l'homme et de la Nature. Loin de la vision puérile transmise par nombre de recueils qui leur

"Coup de grisou"
in T. Keightley, The Fairy Mythology, *G. Bell, London, 1878.*

sont consacrés, nos *Gnomes, Lutins et Korrigans* ont conservé leur personnalité profonde dont nos commentaires soulignent les principales caractéristiques. Sortant des sentiers battus, nous les avons choisis dans le folklore français mais plus encore dans le folklore étranger, beaucoup moins familier. Nous avons également puisé dans la littérature internationale où Claude Seignolle, Robert Louis Stevenson, Walter Scott, P'ou Song-Ling et tant d'autres ont succombé à leurs charmes inspirateurs. Le lecteur y croisera les korrigans bretons, l'épouvantable "crieur" des marais berrichons... mais aussi le gobelin du garde-manger écossais, les sensuelles filles de l'air chinoises et la belle gnome des grottes palestiniennes qui punit de mort toute pensée coupable. Car telle est l'autre fonction de ces geôliers (sur) naturels : ils régulent les passions des hommes qui, dans leur folie conquérante, en arrivent à s'autodétruire.

Laissons les superstitions aux superstitieux, les rêves aux poètes et les enfantillages aux enfants ricane notre Occidental. Inconscient qu'il perpétue un rite ancestral, il pend toutefois la crémaillère avec force ripailles et libations ; ou caresse affectueusement le volant de sa voiture en susurrant : "allons, soit gentille, pas de panne aujourd'hui". En 39-45, les aviateurs américains avaient baptisé les problèmes mécaniques inexpliqués EG : Effet Gremlin. Inspirateurs des savants, les Gremlins ont assisté Benjamin Franklin dans ses expériences sur la foudre et James Watt sur le pouvoir de la vapeur d'eau. Mais les inventeurs ont malheureusement oublié de les remercier et ils se sont vengés en sabotant les machines, en s'infiltrant dans les ordinateurs sous forme de virus, et en fomentant le mauvais coup raté du "bug" de l'An

2000. Les technologies ultra performantes, les cataclysmes écologiques et les conflits génèrent des tensions psychologiques qui ravivent les terreurs et ramènent les créatures de l'au-delà. Elles ne dansent plus en rond mais atterrissent nuitamment dans les champs où elles laissent une trace de leur passage : un mystérieux cercle. Ce n'est pas un hasard si le vieux mythe des soucoupes volantes n'est devenu universellement célèbre qu'à la fin de la Seconde Guerre mondiale. Il traduit l'inadéquation de l'homme à lui-même et au monde, sa détresse face à un univers qui le dépasse, et sa tentative de se concilier les forces contraires qui l'habitent.

Les *Gnomes, Lutins et Korrigans* ont donc de beaux jours devant eux et font preuve d'une troublante modernité. Tant que l'homme sera un loup pour l'homme et un monstre pour son environnement, ils nous rappelleront que la Nature a ses Lois et qu'on ne les bafoue pas impunément. Mais ils nous enseignent aussi qu'Elle fut et reste une inépuisable source d'émerveillement. Une belle leçon de sagesse et de modestie, ma foi... et qui rime si bien avec fantaisie que, sur ce, nous regagnons nos pénates pour en discourir avec qui vous savez.

Dominique Besançon

POUR COMMENCER

MONSEIGNEUR LE FOYER

Il était une fois un Immortel qui s'appelait Zaojun ; il vivait au sommet du Kunlun, la montagne du milieu du monde ; la Dame Reine d'Occident * règne sur ce paradis de plaisirs et de festins et veille sur le fameux Pêcher dont les fruits donnent l'immortalité.

Comme tous les Immortels, Zaojun demeurait dans l'aile droite du palais de jade à neuf étages entouré d'un mur d'or, tandis que les Immortelles habitaient l'aile gauche. Cependant, il ne cessait de poursuivre celles-ci de ses assiduités et se montrait tellement lubrique que la Dame Reine d'Occident finit par en être excédée. Elle décida donc d'exiler Zaojun sur la terre ; mais, en raison de son importance, elle lui laissa choisir son endroit préféré. Et il jeta, tout naturelle-

* Xiwangmu, déesse des épidémies dans la religion chinoise antique, est devenue celle qui protège et guérit des épidémies et qui donne l'immortalité. Son culte n'existe plus depuis longtemps mais elle a survécu dans le folklore et la poésie. (N.d.l'É.)

ment, son dévolu sur le Foyer, sûr d'y trouver toujours des servantes qu'il pourrait lutiner à son gré.

Ce fut ainsi que Zaojun devint le Génie du Foyer, communément appelé Monseigneur le Foyer, qui est la principale divinité de la maison et préside dans toutes les cuisines chinoises ; il y est, le plus souvent, figuré sous la forme d'un vieillard à barbe blanche en costume de mandarin. Son effigie est placée dans une petite niche, au-dessus du fourneau, où il reçoit des offrandes de nourriture, de boissons et de bâtonnets d'encens ; en effet, Monseigneur Le Foyer est un fonctionnaire céleste chargé de tenir un registre, où il inscrit toutes les actions, bonnes ou mauvaises, commises par les différents habitants de la maison.

"Le génie du foyer", figure du panthéon populaire taoïste, dynastie T'sing, *1895, Musée Gulbenkian, Durham.*

Et chaque vingt-quatrième jour de l'année lunaire, pour la grande Fête du Printemps qui se tient une semaine avant le Nouvel An chinois, il quitte la maison pour aller faire son rapport à l'Auguste de Jade, le dieu suprême qui demeure dans un palais au Ciel.

Après avoir entendu le rapport du Génie du Foyer, l'Auguste de Jade augmentera ou diminuera l'année suivante le bonheur de la famille en fonction de ses bonnes ou de ses mauvaises actions.

On ne manque évidemment pas d'offrir au Génie du Foyer, avant son départ, les meilleurs mets et boissons, un dîner complet de six plats, avec en plus un gâteau de farine de riz fourré de confiture de haricots rouges ; il convient, en effet, de l'influencer le plus favorablement possible.

Et, après avoir donné à Zaojun de quoi nourrir son cheval et payer les frais de son voyage, on brûle son effigie qu'on remplacera au matin du Premier de l'An, jour de son retour. Puis on l'exhorte à l'indulgence :

– Génie du Foyer, en montant au Ciel, gardez pour vous nos fautes ! Si en vous servant nous avons été irrespectueux, soyez indulgent un peu !

Et on n'hésite pas à lui donner quantité de sucreries pour lui coller la bouche au cas où il serait tenté d'en dire trop...

En l'absence du Génie du Foyer, il n'y a donc plus personne pour inscrire les fautes commises pendant ce temps-là, ce qui permet d'abuser des jeux, de la boisson et de faire la fête en toute impunité ! Cependant l'inconvénient est que les mauvais esprits et les démons des maladies, sont, eux aussi, libres de faire le mal ! C'est pourquoi, on tire force pétards ("baozhu") et on effectue les danses du dragon et du lion, dans un grand défilé, afin de les éloigner.

À la veillée du Nouvel An, le maître de maison présente des offrandes à l'Auguste de Jade, le Souverain d'En-Haut et aux dieux lares, puis il invite les esprits des Ancêtres à partager durant trois jours les réjouissances des vivants...

Ensuite, tous les membres de la famille se réunissent autour d'un somptueux repas de réveillon ; au menu : toutes les viandes, porc, bœuf, poulet et canard ainsi que du poisson, symbole d'abondance. Entre 11 heures du soir et 1 heure du matin, l'"heure du rat" marque le moment où tous les esprits viennent sur terre pour participer à la fête. Et tout le monde veillera dans la joie, la nuit entière, pour accueillir la nouvelle année.

Au petit matin, le jour du Nouvel An, on rend hommage aux ancêtres avec d'abondantes offrandes de nourriture. Ensuite, parents et amis se rendent visite pour se souhaiter les traditionnels vœux de bonheur, de prospérité et de longévité. Les aînés offrent aux enfants et aux célibataires la "monnaie porte-bonheur", un billet neuf glissé dans une enveloppe rouge, couleur de la joie.

Cette Fête du Printemps, fixée selon le calendrier lunaire utilisé depuis l'Antiquité par les Chinois, est la plus importante de l'année ; elle est placée sous le signe du renouveau, du nettoyage des habitations et des tombes, du règlement des dettes et des conflits, et de l'amitié.

Tous les Chinois, qu'ils soient en République populaire de Chine ou bien expatriés, continuent de respecter ces traditions anciennes grâce auxquelles ils retrouvent leur identité culturelle.

PREMIÈRE PARTIE

CONTES DES PAYS DE FRANCE

BRETAGNE

Korrigans, poulpiquets, teuz... la Bretagne est riche de ces êtres mystérieux dont Anatole Le Braz pressent la forte proximité avec les fées. Sa lettre en présente deux types auxquels on croyait pareillement. Le premier qu'il qualifie justement de "petit dieu pénate" est le lutin du foyer, le "génie de la famille" dont il assure la prospérité tant qu'elle se conduit convenablement. Plus inquiétants, le Bugul-Noz (Berger de la nuit) et Yann-An-Ôd (Jean du Rivage) sont des esprits crieurs, protecteurs des bêtes et génies des lieux. Particulièrement redouté, le second erre la nuit le long des grèves et déteste que l'on réponde à son appel. L'effronté qui s'y risque le verra se métamorphoser en géant, ce qui prouve qu'il n'y a pas de différence fondamentale entre les nains et les géants. Par ailleurs, si l'auteur de La Légende de la Mort *le range ici parmi les êtres féeriques, il est dans d'autres textes fortement apparenté aux âmes des noyés. Privés de sépulture, ces derniers n'obtiendront le repos que lorsqu'ils se seront fait "remplacer", c'est-à-dire lorsqu'ils auront provoqué des noyades. Dans une pensée magico-religieuse où le trépas n'est – comme son nom l'indique – qu'un passage dans l'au-delà et non un anéantissement, défunts et esprits de la Nature sont confondus.*

Frappe-t-il pour la bonne cause, ainsi que le suggère la lettre ci-dessous ? Ce n'est peut-être pas l'avis du domestique de ferme dont le même auteur narre plus loin la mésaventure. Il ne doit son salut qu'à sa porte de chêne, un matériau qui, comme chacun sait, est une excellente protection contre les mauvais esprits.

MON CHER MONSIEUR WENTZ
(Basse-Bretagne)

Il me souvient que, lors de votre soutenance de thèse devant la Faculté des Lettres de l'Université de Rennes, un de mes collègues, mon ami, le professeur Dottin, vous demanda :

– Vous croyez, dites-vous, à l'existence des fées ? En avez-vous vu ?

Vous répondîtes, avec autant de phlegme que de sincérité :

– Non. J'ai tout fait pour en voir, et je n'en ai jamais vu. Mais il y a beaucoup de choses que vous n'avez pas vues, monsieur le professeur, et dont vous ne songeriez cependant pas à nier l'existence. Ainsi fais-je à l'égard des fées...

J'ignore s'il faut rattacher les lutins au monde des fées, mais, ce qui est sûr, c'est que cette charmante et malicieuse engeance a toujours pullulé dans notre pays. Je me suis laissé dire qu'autrefois chaque maison avait le sien. C'était quelque chose comme le petit dieu pénate. Tantôt visible, tantôt invisible, il présidait à tous les actes de la vie domestique. Mieux encore : il y participait, et de la façon la plus efficace. À l'intérieur du logis, il aidait les servantes, soufflait le feu dans l'âtre, surveillait la cuisson de la nourriture pour les hommes ou pour les bêtes, apaisait les cris de l'enfant couché dans le bas de l'armoire, empêchait les vers de se mettre dans les pièces de lard suspendues aux solives. Il avait pareillement dans son lot le gouvernement des étables et des écuries : grâce à lui, les vaches donnaient un lait abondant en beurre, et les chevaux avaient la croupe ronde, le poil luisant. Il était, en un mot, le bon génie de la famille, mais c'était à la condition que chacun eût pour lui les égards auxquels il avait droit. Si peu qu'on lui manquât, sa bonté se changeait en malice et il n'était point de mauvais tours dont il ne fût capable envers les gens qui l'avaient offensé, comme de renverser le contenu des marmites sur le foyer, d'embrouiller la laine autour des quenouilles, de rendre infumable le tabac des pipes, d'emmêler inextricablement les crins des chevaux, de dessécher le pis des vaches ou de faire peler le dos des brebis. Aussi s'efforçait-on de ne le point mécontenter. On respectait soigneusement toutes ses habitudes, toutes ses manies. C'est ainsi que, chez mes parents, notre vieille bonne Filie n'enlevait jamais le trépied du feu sans avoir la précaution de l'asperger d'eau pour le refroidir, avant de le ranger au coin de l'âtre. Si vous lui demandiez pourquoi ce rite, elle vous répondait :

– Pour que le lutin ne s'y brûle pas, si tout à l'heure, il s'asseyait dessus.

Il appartient encore, je suppose, à la catégorie des hommes-fées, ce *Bugul-Noz,* ce mystérieux "Berger de la nuit" dont les Bretons des campagnes voient se dresser, au crépuscule, la haute et troublante silhouette, si, d'aventure, il leur arrive de rentrer tard du labour. On n'a jamais pu me renseigner exactement sur le genre de troupeau qu'il faisait paître, ni sur ce que présageait sa rencontre. Le plus sou-

"Korriils et poulpiquets", par Félix Lorioux, 1923.

vent, on la redoute. Mais comme l'observait avec raison une de mes conteuses, Lise Bellec, s'il est préférable d'éviter le *Bugul-Noz,* il ne s'ensuit pas, pour cela, que ce soit un méchant Esprit. D'après elle, il remplirait plutôt une fonction salutaire, en signifiant aux humains, par sa venue, que la nuit n'est pas faite pour s'attarder aux champs ou sur les chemins, mais pour s'enfermer derrière les portes closes et pour dormir. Ce berger des ombres serait donc, somme toute, une manière de bon pasteur. C'est pour assurer notre repos et notre sécurité, c'est pour nous soustraire aux excès du travail et aux embûches de la nuit qu'il nous force, brebis imprudentes, à regagner promptement le bercail.

Sans doute est-ce un rôle tutélaire à peu près semblable qui, dans la croyance populaire, est dévolu à un autre homme-fée, plus spécialement affecté au rivage de la mer, comme l'indique son nom de *Yann-An-Ôd*. Il n'y a pas, sur tout le littoral maritime de la Bretagne ou, comme on dit, dans tout de l'Armor, une seule région où l'existence de ce "Jean des Grèves" ne soit tenue pour un fait certain, dûment constaté, indéniable. On lui prête des formes variables et des aspects différents. C'est tantôt un géant, tantôt un nain. Il porte tantôt un "suroît" de toile huilée, tantôt un large chapeau de feutre noir. Parfois, il s'appuie sur une rame et fait penser au personnage énigmatique, armé du même attribut, qu'Ulysse doit suivre dans l'*Odyssée*. Mais, toujours, c'est un héros marin dont la mission est de parcourir les plages, en poussant par intervalles de longs cris stridents, propres à effrayer les pêcheurs qui se seraient laissés surprendre dehors par les ténèbres de la nuit. Il ne fait de mal qu'à ceux qui récalcitrent ; encore ne les frappe-t-il que dans leur intérêt, pour les contraindre à se mettre à l'abri. Il est, avant tout, un "avertisseur". Ses cris ne rappellent pas seulement au logis les gens attardés sur les grèves ; ils signalent aussi le dangereux voisinage de la côte aux marins qui sont en mer et, par là, suppléent à l'insuffisance du mugissement des sirènes ou de la lumière des phares.

IANNIC-ANN-ÔD *

Un domestique de ferme revenait de conduire les bêtes aux champs, un soir d'été, dans le temps où l'on commence à leur faire passer les nuits dehors. Comme il cheminait par un sentier de grève, il entendit sonner sur les galets les sabots de Iannic-ann-ôd. Le domestique était un luron. Il savait toutes les histoires qui se débitent aux veillées d'hiver, sur le compte de Iannic-ann-ôd, et il s'était promis de les vérifier à la première occasion.

"Ma foi, se dit-il, je vais en avoir le cœur net".

En garçon avisé toutefois, il attendit d'être assez près de la ferme avant de répondre aux "Iou" stridents, que poussait derrière lui le rôdeur des plages.

Alors seulement, il poussa à son tour un "Iou" sonore.

Iannic-ann-ôd fut sans doute interdit de tant d'audace, car il se tut subitement. Le domestique constata qu'en revanche, il s'était fort rapproché. Sa silhouette apparaissait maintenant là-bas, à l'autre bout du sentier, toute noire dans le clair de lune.

Voici les cris de reprendre de plus belle.

* Iannic est le diminutif de Yann (Jean). Le Braz orthographie le nom de ce personnage tantôt "An-Ôd", tantôt "ann-Ôd". *(N.d.l'É.)*

Cette fois, le domestique n'y fit écho qu'arrivé au milieu de la cour de la ferme.

Iannic-ann-ôd touchait à ce moment la barrière.

Il hurlait avec une rage croissante :

– *Iou ! Iou ! Iou !*

Il y avait de la provocation dans sa plainte.

Le domestique s'était mis à courir vite, vite, aussi vite que s'il avait eu des ailes aux talons.

Parvenu au seuil du manoir, il cria le troisième "Iou" en même temps qu'il refermait le lourd battant de chêne.

Un formidable coup s'abattit du dehors sur la porte ; on eut juré qu'elle volait en éclats. Et la voix du hurleur s'éleva menaçante :

– Passe pour une fois : mais si tu y reviens, *je ferai de toi un homme !*

Le domestique se l'est tenu pour dit.

(Conté par René Alain - Quimper, 1889)

TEUZ-AR-POULIET

Issu de la racine indo-européenne "dheuos", "dheus" qui est aussi celle de "dieu" (theos-deus), le mot breton Teuz, Deuz ou Tuz correspond au dusius gaulois qui "ne cesse (nt) d'essayer et d'effectuer sur les femmes des actes impudiques" déclare saint Augustin dans La Cité de Dieu au début du ve siècle. *Rien de lubrique chez notre "Teuz de la mare" (Teuz-ar-pouliet) qui ne semble guère au contraire apprécier la gente féminine. Pétri de reconnaissance, ce lutin-là avait abandonné sa mare pour la ferme de Jégu dont il exauce tous les vœux, à commencer par le plus cher : obtenir la main de la belle et vaniteuse Barbaïk. C'est alors que les ennuis commencent.*

Le val Pinard est une coulée qui s'étend derrière la ville de Morlaix et où il y a beaucoup de jardins, de maisons, de bourgeois et de fabricants de fouaces *; mais on y voit aussi de jolies fermes où l'on nourrit des vaches et où l'on récolte du froment.

Or, à une autre époque (du temps où il n'y avait ni conscription, ni droits réunis), la plus grande de ces fermes était habitée par un brave homme appelé Jalm Riou qui avait une fille bien faite et de fraîche figure que l'on nommait Barbaïk. Outre que celle-ci était vantée pour sa beauté, on la citait comme la meilleure danseuse et la plus élégante *pennérèz* du pays. Quand elle venait, chaque dimanche, pour entendre la messe à l'église de Saint-Mathieu, elle portait une coiffe brodée, un mouchoir de cou à palmes, cinq jupes étagées ** et des souliers à boucles d'argent ; de sorte que les bouchères étaient jalouses et hochaient la tête, à son passage, en demandant si elle avait vendu au diable la poule noire ***.

* Sorte d'échaudés (*gâteaux*)grossiers qui se fabriquent dans les environs de Morlaix. *(N.d.l'A.)*

** Le grand nombre de jupons superposés est regardé comme grande élégance par les paysannes des environs de Morlaix. *(N.d.l'A)*

Une "pennérèz" est une jeune héritière à marier. *(N.d.l'É.)*

*** Expression proverbiale, pour dire que l'on s'est enrichi par des moyens peu honorables. On croit, dans les campagnes bretonnes, qu'en portant une poule noire dans un carrefour, et en ayant recours à cer-

Mais Barbaïk ne s'inquiétait point d'être blâmée, pourvu qu'elle fût la mieux mise dans les Pardons et la plus recherchée par les jeunes gens, ce qui ne manquait jamais d'arriver ; car les cœurs des garçons ressemblent aux brins de paille suspendus aux buissons, et la beauté des jeunes filles au vent qui les emporte tous à sa suite.

Parmi les amoureux de Barbaïk, il y en avait un qui l'aimait plus que tous les autres ; c'était le garçon de ferme de son père, bon travailleur et bon chrétien ; mais brusque comme un Kernewodd * et laid comme un tailleur. Aussi la jeune fille ne voulait-elle point l'écouter, malgré ses mérites, et répétait-elle toujours, quand elle parlait de lui, que c'était un *poulain de Pontrieux* **.

Jégu, qui l'aimait du fond du cœur, supportait ces injures avec peine et se désolait d'être si mal traité par celle qui lui faisait la joie et le chagrin.

Un soir qu'il ramenait les chevaux du pâturage, il s'arrêta à la mare pour les faire boire ; il se tenait à côté du plus petit, la tête penchée sur sa poitrine, car il pensait à Barbaïk, lorsque, tout à coup, une voix sortit des joncs et lui dit :

– Pourquoi te désoler ainsi, Jégu ? rien n'est encore désespéré.

Le garçon de ferme leva la tête avec surprise et demanda qui était là.

taines évocations, on peut attirer le diable qui vous achète cette poule fort cher. *(N.d.l'A.)*

* Cornouaillais. *(N.d.l'É.)*

** *Heubeul Pontréau,* injure bretonne adressée aux jeunes gens rustiques, mal élevés. *(N.d.l'A.)*

– C'est moi, le *teuz-ar-pouliet,* répondit la même voix.

– Je ne te vois pas, reprit Jégu.

– Regarde bien et tu m'apercevras au milieu des roseaux sous la forme d'une belle grenouille verte. Je prends ainsi successivement toutes les figures que je veux, à moins que je ne préfère me rendre invisible.

– Mais ne peux-tu te montrer sous l'apparence ordinaire à ceux de ta race ?

– Sans doute, si cela te fait plaisir.

À ces mots, la grenouille sauta sur le dos d'un des chevaux et se changea, subitement, en un petit nain vêtu de vert et portant de belles guêtres cirées, comme un marchand de cuir de Landivisiau.

Jégu, un peu effrayé, recula de deux pas ; mais le *teuz** lui dit de n'avoir aucune crainte, parce que, loin de lui vouloir du mal, il était décidé à lui être utile.

– Et d'où te vient cet intérêt pour moi ?

– D'un service que tu m'as rendu l'hiver passé, reprit *l'espiègle de la mare.* Tu sais sans doute que les korrigans du *pays du blé blanc*** et de Cornouailles ont déclaré la guerre à notre race, parce qu'ils l'accusaient d'être favorable aux hommes ; nous avons été obligés de nous réfugier dans l'évêché de Léon, où nous nous sommes d'abord cachés sous différentes formes d'animaux. Depuis, nous avons continué à prendre ces formes, par habitude ou par fantai-

* Tous les peuples d'Europe ont admis deux races de nains, l'une malfaisante et impie, l'autre amie des hommes. La première est représentée, en Bretagne, par les *korrigans*, la seconde par les *teuz*. *(N.d.l'A.)*

** Pays vannetais. *(N.d.l'É.)*

sie, et c'est une de ces transformations qui m'a donné l'occasion de te connaître.

- Comment cela ?

- Te rappelles-tu qu'il y a trois mois, en labourant le *parc aux aulnes,* tu trouvas un rouge-gorge pris dans un lacet ?

- Oui, interrompit Jégu, et je me souviens même que je lui ai donné la volée en disant : "Tu ne manges point le blé des chrétiens, toi ; reprends ta liberté, oiseau du bon Dieu".

- Hé bien, le rouge-gorge, c'était moi ! Depuis ce temps j'ai juré d'être ton ami dévoué, et je veux te le prouver en te faisant épouser Barbaïk puisque tu l'aimes.

- Ah ! *teuz-ar-pouliet*, si tu réussis à cela, s'écria Jégu, je n'aurai rien à te refuser, sauf mon âme.

- Laisse-moi faire, répondit le nain ; d'ici à quelques mois, je veux que tu sois le maître de la ferme et de la *pennérèz.*

- Et comment t'y prendras-tu pour cela ? demanda le jeune homme.

- Tu le sauras plus tard ; pour le moment fume ta *corne* de tabac*, mange, dors, et ne t'inquiète de rien.

Jégu déclara que c'était chose facile, et qu'il se conformerait aux ordres du *teuz* ; après quoi il le remercia, en lui ôtant son chapeau, comme il l'eût fait pour le maire ou pour M. le recteur, et il reprit la route de la ferme.

Le lendemain était un dimanche : Barbaïk se leva plus matin que d'habitude et se rendit aux étables qu'elle devait seule entretenir ; mais, à sa grande surprise, elle trouva

* Pipe. *(N.d.l'É.)*

qu'on avait renouvelé la litière, garni les râteliers, tiré les vaches et baratté le lait. Comme elle avait annoncé la veille, devant Jégu, qu'elle voulait être prête de bonne heure, pour danser au Pardon de Saint-Nicolas, elle pensa naturellement que c'était lui qui avait tout fait, et l'en remercia. Jégu répliqua d'un ton bourru qu'il ne savait de quoi elle voulait lui parler ; mais cela ne fit que confirmer la jeune fille dans sa pensée.

Le même service lui fut d'ailleurs rendu tous les jours suivants. Jamais l'étable n'avait été si propre, ni les vaches si grasses. Barbaïk trouvait tous les matins et tous les soirs ses terrines pleines de lait, avec une livre de beurre fraîchement baratté et garni de feuilles de ronces. Aussi, au bout de quelques semaines, s'accoutuma-t-elle à ne plus se lever qu'en plein jour, pour faire le ménage et préparer le déjeuner.

Mais ce travail même lui fut bientôt enlevé ; car, un matin, elle trouva, en sortant du lit, la maison balayée, les meubles cirés, la soupe au feu et le pain coupé dans les écuelles, de sorte qu'il ne lui restait qu'à crier, à l'entrée de l'aire, pour appeler les travailleurs des champs. Elle pensa encore que c'était une prévenance de Jégu, et elle ne put s'empêcher de trouver que ce serait là un mari bien commode pour une femme qui aimerait son repos et son plaisir.

Au fait, la *pennérèz* n'avait qu'à exprimer devant lui un désir pour qu'il se trouvât aussitôt accompli. Si le vent était froid ou le soleil trop brûlant et qu'elle craignît pour son teint, en allant à la fontaine, elle disait à demi-voix :

– Je voudrais voir, à leur place, mes barattes pleines et ma buie * recouverte de son linge mouillé.

Puis elle allait causer chez une voisine, et, quand elle revenait, buie et barattes étaient sur la pierre, dans l'état qu'elle avait souhaité.

Si elle trouvait la pâte de seigle trop dure à boulanger et le four trop long à chauffer, elle n'avait qu'à murmurer :

– J'aimerais à voir mes six pains de quinze livres rangés sur la planche, au-dessus de la maie.

Et, deux heures après, les six pains y étaient. Si elle trouvait le marché trop loin et la route trop mauvaise, elle n'avait qu'à répéter la veille :

– Pourquoi ne suis-je pas déjà revenue de Morlaix avec mon pot au lait vide, mon écuelle à beurre au fond, une livre de merises noires dans mon assiette en bois et les six réales ** au fond de la poche de mon tablier ?

Et, le lendemain, en se levant, elle trouvait, au pied de son lit, le pot au lait vide, l'écuelle à beurre au fond, la livre de merises noires sur l'assiette de bois et six réales dans la poche de son tablier.

Mais là ne s'arrêtaient point les bons offices rendus. Qu'elle voulût avertir une autre jeune fille pour lui donner rendez-vous à quelque Pardon, acheter un ruban à la ville, savoir l'heure où devait commencer la procession du Saint-

* Altération de l'ancien français *buire* : cruche. Après avoir puisé l'eau de la journée, on la transvasait dans divers récipients qu'on recouvrait d'un linge humide pour la conserver et la protéger de la poussière. *(N.d.l'É.)*

** Ancienne monnaie d'argent. Fruits du merisier, les merises sont des sortes de cerisees sauvages utilisées pour la fabrication du kirsch. *(N.d.l'É.)*

Sacrement, Jégu était toujours là ; elle n'avait qu'à lui dire la chose qu'il fallait faire, et la chose était faite. Elle pouvait même, au besoin, se venger, par ce moyen, des voisines dont elle avait à se plaindre, en souhaitant qu'il se trouvât un accroc à leur coiffe du dimanche, que leur fournée fût brûlée, ou que la porte de leur poulailler restât ouverte pour la belette.

Aussi ne pouvait-elle plus se passer de Jégu qui, dans sa pensée, était l'auteur de tout ce qui arrivait ; elle en avait besoin pour son travail et pour son repos, pour ses amitiés et pour ses vengeances ; c'était, à la fois, comme son chien et comme son bon ange.

Quand les choses en furent là, le *teuz* avertit son protégé de faire sa demande de mariage, et cette fois Barbaïk l'écouta jusqu'au bout. Elle trouvait Jégu bien brusque et bien laid pour un amoureux, mais pour un mari, c'était tout ce qu'il fallait. Avec lui, elle pourrait dormir jusqu'au déjeuner comme une demoiselle de la ville ; elle continuerait à porter de beaux habits, à passer son temps à la porte des voisines, les mains croisées sur son tablier, à danser à tous les Pardons. Jégu veillerait pour elle, travaillerait pour elle, économiserait pour elle. Jégu serait le cheval de brancard, obligé à traîner toute la charrette, et elle, la fermière, assise sur une botte de trèfles, qui le conduit avec le fouet.

Après avoir bien pensé à tout cela, elle répondit donc au jeune garçon, comme une *pennérèz* bien élevée, qu'elle ferait la volonté de son père.

Mais elle savait d'avance que Jalm Riou consentirait, car il avait dit plusieurs fois que Jégu seul était capable de conduire la ferme, quand il manquerait.

Aussi la noce se fit-elle le mois suivant, et l'on eût dit que le vieux père n'avait attendu que ce moment pour aller se reposer dans la gloire ; il mourut quelques jours après le mariage, laissant la maison et les terres aux jeunes gens.

C'était une grande charge pour Jégu, mais le *teuz* vint à son secours. Il se fit son garçon de charrue, et il travaillait seul autant que quatre mercenaires. C'était lui qui tenait les outils et les harnais en état, qui réparait les oublis, qui indiquait le meilleur moment pour semer ou faucher. Si, par hasard, Jégu avait besoin de hâter un ouvrage, le *teuz* allait prévenir ses amis, et tous les nains arrivaient avec la houe, la fourche ou la faucille sur l'épaule ; si l'on manquait d'attelages, il envoyait le fermier à une ville habitée par ceux de sa race, qui se trouvait sur la lande, et Jégu n'avait qu'à dire :

- Petits hommes, mes amis, prêtez-moi une paire de bœufs ou une couple de chevaux avec tout ce qu'il leur faut pour labourer.

Et l'attelage apparaissait à l'instant.

Or le *teuz-ar-pouliet* ne demandait, en paiement de tous ces services, qu'une bouillie d'enfant servie chaque jour dans la petite écuelle à mesurer le lait. Aussi Jégu l'aimait-il comme son fils.

Barbaïk, au contraire, le haïssait et non sans cause, car, dès le lendemain de son mariage, elle s'aperçut, avec étonnement, qu'on cessait de l'aider, et, comme elle s'en plaignait à Jégu, qui avait l'air de ne point comprendre, le nain éclata de rire, en avouant qu'il avait rendu ces bons offices à la *pennérèz* pour qu'elle consentît au mariage ; mais que maintenant il avait autre chose à faire et qu'elle devait recommencer à prendre soin de la maison.

Ainsi trompée dans ses espérances, la fille de Jalm Riou amassa, dans son cœur, une furieuse colère contre l'*espiègle de la mare*. Tous les matins, quand il fallait se lever avant le jour pour traire et se rendre au marché, et, tous les soirs, quand il fallait veiller jusqu'à minuit pour baratter le lait, elle maudissait le *teuz* qui lui avait fait espérer une vie de repos et de plaisir. Mais c'était surtout lorsqu'elle regardait la face rouge de Jégu, ses yeux louches et son front mal peigné, qu'elle sentait redoubler sa colère.

– Non, méchant *teuz*, répétait-elle en elle-même ; je ne te pardonnerai pas de m'avoir fait épouser mon mari ! Sans toi, je serais encore *pennérèz* ; j'irais tous les dimanches aux danses ; les jeunes gens m'apporteraient, dans leurs chapeaux, des *lucets* *, des merises ou des noix, selon la saison, je pourrais jouer avec eux et les entendre dire que je suis la plus jolie fille de la paroisse ; tandis que maintenant je ne dois rien recevoir que de mon mari, je ne dois jouer qu'avec mon mari, je ne dois plaire qu'à mon mari ! Ô méchant *teuz*, je ne te le pardonnerai jamais !

Cependant, un jour qu'elle était invitée à une noce en Plouezorc'h, et qu'elle ne pouvait prendre la jument de la ferme qui venait d'avoir un poulain, elle demanda une monture au *teuz-ar-pouliet*, qui l'envoya à la ville des nains, en lui recommandant de bien expliquer tout ce qu'elle voulait.

Barbaïk y alla donc, et, croyant faire pour le mieux, elle dit :

* Petits fruits rouges de la famille des airelles originaires de Terre-Neuve. *(N.d.l'É.)*

- *Teuz*, mes amis, prêtez-moi un cheval noir avec ses yeux, sa bouche, ses oreilles, sa bride et son bât.

Le cheval qu'elle demandait se montra sur-le-champ, et elle prit avec lui la route de Plouezorc'h.

Mais elle s'aperçut bientôt que tout le monde riait sur son passage.

- Voyez, voyez, disait-on, la fermière a vendu la queue de sa monture.

Barbaïk se détourna vivement et s'aperçut en effet que son cheval n'avait point de queue !... elle avait oublié d'en demander une, et les nains malicieux l'avaient servie à la lettre.

Déconcertée, elle voulut presser le pas ; mais le cheval refusa d'avancer plus vite, et il fallut entendre toutes les plaisanteries des passants.

La jeune femme revint le soir encore plus furieuse contre le *teuz-ar-pouliet* qu'elle accusait de lui avoir joué, à dessein, ce mauvais tour, et bien décidée à se venger de lui dès qu'elle le pourrait.

Cependant, le printemps arriva et, comme c'est l'époque de la fête des nains, l'*espiègle de la mare* demanda à Jégu la permission d'inviter tous ses compagnons à venir passer la nuit dans l'aire de la ferme, où il voulait leur donner à souper et les faire danser. Jégu avait trop d'obligations au nain pour le refuser ; aussi ordonna-t-il à Barbaïk d'étendre sur l'aire ses plus belles nappes à franges et d'y servir une fournée de petits pains au beurre, tout le lait du matin et du soir et autant de crêpes de froment qu'on en pourrait faire dans un jour.

Barbaïk ne répondit rien, au grand étonnement de son mari.

Elle fit les crêpes, prépara le lait, cuisit les pains au beurre, et, la nuit venue alla tout porter dans l'aire ; mais elle répandit, en même temps, autour des nappes étendues, et là où devaient s'asseoir les nains, la braise qu'elle avait retirée de son four, si bien que lorsque le *teuz-ar-pouliet* et ses invités vinrent pour s'asseoir au repas de fête, tous se brûlèrent peau et chair jusqu'à l'os et s'enfuirent en jetant de grands cris. Cependant ils revinrent bientôt avec des vases pleins d'eau, et, après avoir éteint le feu, ils se mirent à danser autour de la ferme en chantant d'une voix irritée :

Barbe Riou, par trahison,
A rôti nos pauvres petons ;
Mais voici que nous repartons ;
Adieu ! malheur à la maison !

Ils quittèrent en effet le pays dès le soir même. Jégu, n'étant plus aidé par eux, tomba dans la misère et mourut de chagrin ; tandis que la belle Barbaïk devenait porteuse sur le marché de Morlaix.

Depuis, on n'a plus revu de *teuz* dans le pays. Cependant, il y en a qui disent que les bons travailleurs continuent à avoir, à leur service, dix nains qui besognent pour eux, mais sans être invisibles : ce sont leurs dix doigts ! *

* Il existe une espèce de lutins nommés Dactyles, du grec *dactylé* : doigts. Cf. le texte de Charles Deulin (Nord). *(N.d.l'É.)*

LES KERIOUS OU KORIGANS *

Les scientifiques modernes n'ont toujours pas éclairci le mystère des mégalithes dont Carnac est l'un des plus beaux sites. Quelle sorte de technique ou de pouvoir possédaient les êtres qui ont érigé de tels monuments ? Ces derniers furent-ils, comme on l'a longtemps prétendu, le lieu de terribles sacrifices humains à quelque sanguinaire dieu païen ? Ces grandes pierres suscitèrent chez les chercheurs des thèses plus ou moins fantaisistes et chez les ruraux de terrifiantes croyances. La plus répandue est que les korrigans qui y demeurent (quoi de plus normal puisque leur nom provient du breton "kerrek" qui signifie "pierre" ?) sont d'une "race" antérieure à l'homme. Dotés de savoirs et de puissances extraordinaires, ils n'en furent pas moins relégués sous terre ou dans des landes désertes. À cette lutte de races s'amalgame une lutte de religions dont le catholicisme sortit vainqueur. C'est pourquoi, tout commerce avec ces non-hommes et ces non-chrétiens est interdit et dangereux. Recueillis au début du XXe siècle, les deux petits récits ci-après témoignent de la tentative de diabolisation dont fut victime cette sorte de lutins. Cependant, quelques indices révèlent leur véritable identité. Ils ont des pouvoirs, s'habillent de blanc (la couleur des entités surnaturelles) et marquent leur territoire. En effet, avant de devenir le maléfique "rond des sorciers", le cercle délimitait une zone sacrée, l'entrée dans l'Autre Monde qui n'est pas forcément celui de la mort.

* Ce mot est communément orthographié korrigans ; nous respectons la graphie du collecteur. *(N.d.l'É.)*

Probablement d'origine celtique, le thème des deux bossus est très apprécié dans les pays occidentaux où il fait parfois l'objet de longs et amusants développements.

Les gens qui vivaient autrefois dans ce pays étaient des Kerious, c'est-à-dire des petits hommes comme les nains. Ils logeaient dans des trous creusés dans les montagnes et dans les maisons faites de grosses pierres ; les dolmens qui sont dans nos landes sont leurs demeures. Ils étaient forts et remuaient les grosses pierres comme nous remuons les petites aujourd'hui. Ils étaient tous sorciers, et l'on venait les consulter de très loin. Les hommes exerçaient les métiers de Teisir (tisserand), de *kaminir* (tailleur d'habits) et de *Gou* (forgeron). Leurs vêtements étaient faits de grosses toiles blanches. Cette race existe encore sur la terre, mais elle est très rare, et tend à disparaître. On ne les voit guère qu'au Sabbat. Les gens du pays, et il y en a toujours quelques-uns qui vont au Sabbat, les connaissent bien. Ce sont eux qui dansent dans les prairies, où l'on voit les traces de cercles toujours inachevés, et où l'herbe est presque toujours plus foncée que dans les autres parties du champ, et sur lesquels il ne faut jamais marcher de crainte de malheurs.

Pendant certaines nuits de l'année, surtout lorsqu'il y a un peu de lune *, on entend les Kerious chanter et danser,

* Bienfaisante dans de nombreuses mythologies, la lune a une réputation néfaste dans les pays chrétiens, probablement parce que l'Église

"Les Korrigans et le bossu"
in T. Keightley, The Fairy Mythology, *G. Bell, London, 1878.*

combattit dès les premiers siècles les très anciens cultes lunaires auxquels elle oppose le soleil : la lumière divine. Associée au démon et à la nuit, elle est encore appelée "l'astre de la mort" et "le soleil des loups". C'est effectivement les nuits de (pleine) lune que la part animale du loup-garou domine sa part humaine. *(N.d.l'É.)*

toujours au son de la même chanson : *Er lun, Er merh, hag Er merher ; Er lun, Er merh, hag Er merher.* Le lundi, le mardi et le mercredi ; le lundi, le mardi et le mercredi.

Un samedi soir, un Kaminir (tailleur d'habits), bossu, revenant de son travail, entendit chanter et danser dans un champ voisin du chantier qu'il suivait ; il pénétra dans le champ et entra dans la danse. Fatigué d'entendre toujours les mêmes mots de la chanson : *Er lun, Er merh, hag Er merher ; Er lun, Er merh, hag Er merher,* il ajouta : *hag Er ieù,* et le jeudi.

– Tiens, dit celui qui semblait être le chef de la bande, cela va bien.

Et tous reprirent en chœur : *Er lun, Er merh, hag Er merher, hag Er ieù ;* le lundi, le mardi, le mercredi et le jeudi. Tous trouvèrent que cela était parfait.

– Il faut le récompenser, dit l'un.

– Qu'allons-nous lui donner ? demanda le chef.

– Enlevons-lui sa bosse, dirent-ils en chœur.

Et sa bosse disparut. Au petit jour, le kaminir rentra chez lui tout joyeux. Le lendemain, dimanche, tous ses amis lui demandaient ce qu'il avait fait de sa bosse. Elle s'est envolée, disait-il, ne voulant pas dire qui la lui avait enlevée. Un tisserand (*teisir*) de ses voisins, bossu comme lui, demanda comment il s'était débarrassé de sa bosse. Le kaminir lui conta son aventure et l'engagea à faire de même.

Le teisir se mit à la recherche des Kerions, et les trouva dans un pré du voisinage. Il entra immédiatement dans la ronde, et lorsque les kerions eurent achevé : *Er lun, Er merh, hag Er merher, hag Er ieù*, il ajouta : *har Er guinir,* et le vendredi. Ils répétèrent en chœur : *Er lun, Er merh, hag Er merher, hag Er ieù, har Er guinir.*

- Cela va mal, dit l'un d'eux.
- Très mal, dit un autre.
- Cela ne peut aller, répétèrent-ils tous ensemble.
- Il faut le punir, dit l'un d'eux.
- Que faut-il lui faire ? dit le chef.
- Lui donner la bosse du kaminir, dirent-ils en chœur, et aussitôt le teisir se trouve surchargé d'une deuxième bosse. Il rentra fort attristé chez lui, et n'osait plus sortir, ses clients et ses amis se moquaient de lui. Il fut si chagriné qu'il en mourut avant la fin de l'année.

CROYANCES DE HAUTE-BRETAGNE

LE LUTIN

On croit fermement, en Bretagne, à l'existence des lutins. J'ai rencontré bien souvent des vieillards qui non seulement prétendaient en avoir vu, mais qui affirmaient avoir été enlevés par eux et n'avoir dû leur salut qu'à la prompte intervention de leurs parents. Cependant, si la plupart des Bretons sont convaincus que cette race a existé, ils pensent que, bien qu'il se trouve quelques nains disséminés dans les bourgs et dans les villes de la Bretagne, la masse de la nation a émigré depuis bien des années déjà pour une contrée aussi inconnue que celle dont ils sont originaires.

On les nomme *Lutins,* ou *Mait'Jeans* (cf. Maistr'Yan des Bretons bretonnants), *Follets*ou *Esprits follets.* Mais ce sont là leurs noms génériques ; ils en portent d'autres particuliers aux espèces, et ils sont, ainsi que leurs fonctions, assez variés.

Ils ne se montrent guère que la nuit, ou tout au moins au crépuscule. Pendant le jour ils se cachent, on ne sait pas au juste où ; cependant j'ai entendu dire à Saint-Cast qu'ils habitaient dans les bois et dans les prés. Vers Ercé, ils vont jouer autour des roches piquées, c'est-à-dire des menhirs et des dolmens.

Quand une personne passait dans une route où les follets avaient été, elle perdait la mémoire et ne reconnaissait plus son chemin.

Un jour il vous aime, il soigne vos chevaux, brosse vos habits, cire vos souliers, et cela dure jusqu'à ce que vous l'ayez blessé par vos paroles en blâmant les services qu'il rend gratis. Ce petit être invisible, qui ne quitte pas le logis, vous rend tous les services d'un domestique éclairé ; mais malheur à vous s'il vous prend en haine ! Il égare vos papiers, brouille les écheveaux de fil, dérange tout au logis, passe aux écuries et entortille les crins de la crinière et de la queue des chevaux au point de ne pouvoir les débrouiller, et rebrousse le poil de leur robe. Il jette leur avoine aux oiseaux et couvre le foin d'immondices.

Les lutins sont très sobres et s'amusent à faire la guerre aux sonneurs *, qui ne meurent pas ordinairement de soif. Le monde leur appartient depuis onze heures jusqu'à deux

* Musiciens, sonneurs de biniou. Ces derniers avaient généralement une réputation de buveurs en raison de leur présence aux fêtes et aux noces. *(N.d.l'É.)*

heures après minuit. Malheur aux ivrognes ! S'ils blasphèment, s'ils injurient les lutins, s'ils font le simulacre de joindre les voies de fait aux insultes, ils rendent les coups avec usure ; ils jettent parfois les agresseurs dans les eaux ou leur cassent le cou contre les pierres du chemin.

Heureuse la servante qui a un esprit follet dans sa manche ! La maison sera balayée tous les jours avec soin, sans la moindre fatigue pour elle ; la pâte sera pétrie, les crêpes seront faites sans qu'elle y mette la main. Heureux aussi le valet d'écurie qui est l'ami des follets ! Il pourra dormir la grasse matinée, laissant à son compère le soin de panser les chevaux et de nettoyer l'écurie.

Mais pour obtenir les bonnes grâces de ce capricieux esprit, il faut être avec lui plein d'attentions et de prévenances. La moindre offense suffit pour l'irriter, et alors il ne laissera échapper aucune occasion de vous jouer un mauvais tour.

LE FAUDOUX

Le *Faudoux* ou *Faudeur* – de fauder, action de fouler le foin pour l'entasser – est le lutin spécial des greniers à foin ; on l'appelle aussi le lutin des *senâs* (greniers à foin, du vieux français *sanail*). Le Fouloux est aussi un lutin des senâs, qui semble le même que le Faudoux ; il foule les garçons, se couche sur eux, les chatouille, leur dépend l'estomac. Le Fouloux passe même pour être pédéraste.

Un homme qui couchait dans un *senâs* (grenier à foin) était chaque nuit lutiné par le Faudeur.

Une nuit que le lutin était sur lui, l'homme dit :

- Si j'avas mon coutiau...

- Ton kité ! qué que tu en feras ? demanda le Faudeur d'une voix grêle et moqueuse.

- Je te saneras (châtrerais).

Le lutin s'enfuit aussitôt, et jamais on ne l'a revu depuis dans le senâs.

COMMENT ON SE PRÉSERVE DU LUTIN

Outre l'eau bénite, qui est employée contre les lutins et les démons, on peut encore se préserver des malices du lutin par des moyens moins orthodoxes, mais tout aussi efficaces : si on parvient à lui faire renverser un vase plein de millet, de pois, de son ou de graines de lin, il ne revient plus.

Quand on veut que les lutins ne repassent plus par un endroit, il faut mettre de la *graine de lin* dans un vase ; ils la renversent, et comme ils sont obligés de refaire tout ce qu'ils ont défait, ils ne peuvent ramasser toutes les graines avant le jour, et on ne les revoit plus.

Le plus sûr moyen de s'en débarrasser est de placer en équilibre à la porte de la maison hantée un boisseau de grain de mil, de sable ou de son. Le Gobino, qui arrive étourdiment, ne manque jamais de renverser le vase, et comme il n'a pas le temps, avant l'arrivée du jour, de ramasser grain à grain la chose répandue, honteux et confus de sa maladresse, il ne revient plus au logis.

Si on brûle le bout des crins des chevaux avec un cierge bénit, jamais le lutin ne revient ; mais on assure que les bêtes ne réussissent plus après.

NORMANDIE

GOUBLINS ET TRÉSORS

Jusqu'à une époque encore peu éloignée de nous, il n'y avait pas de château, pas de maison importante qui n'eût son goublin ou démon familier. Les goublins, pas plus que les fées, ne rentrent dans le système chrétien. La religion de Jésus n'assigne aucune place à ces êtres, inférieurs à l'homme à quelques égards, supérieurs à lui à quelques autres. Il y a dans ces croyances un reste des anciennes religions qui a persisté à travers la nouvelle. Le goublin se retrouve partout en Europe...

Le goublin n'est pas méchant, il est espiègle. Le jour, il prend toutes sortes de formes. C'est un gros chien qui vient se chauffer au coin du feu, c'est un lièvre ferré qui se promène sur un pont, c'est un cheval blanc qui apparaît dans le pré, c'est un gros matou noir qui ronronne après du feu et se laisse parfois caresser.

Le goublin du Val-Ferrand, à Gréville, apparaissait ordinairement sous la forme d'un lièvre familier. Il venait se chauffer au feu pendant qu'on cuisait le soir la chaudronnée de pommes de terre. Il assistait à la fabrication du pain, et, à chaque cuisson, on lui faisait une galette que l'on mettait en dehors de la fenêtre. Si on l'oubliait, on en avait pour quinze jours de tapage dans la maison. Cela se passait il y a environ soixante ans.

Le lutin du fort d'Omonville-la-Rogue était encore plus familier, mais il était aussi plus espiègle. C'était parfois un mouton blanc ; d'autres fois un petit chien qui se couchait sur la jupe de la jeune fille de la maison et se faisait traîner. La nuit, on l'entendait tourner le rouet, laver la vaisselle. Dans la cour, c'était souvent un veau que l'on voyait apparaître à l'improviste. D'autres fois, c'était un lièvre qui s'amusait tout à coup à partir au galop avec du feu sous le ventre. Parfois c'était un gros chien noir, qui faisait sa ronde le soir en grondant. La jeune fille s'était prise d'amitié pour lui ; il s'amusait à lui jouer toutes sortes de tours plaisants. Elle voyait à terre un peloton de fil, par exemple, elle le ramassait en se reprochant sa négligence ; tout à coup le peloton de fil éclatait de rire dans ses mains et sautait à terre. C'était le goublin qui s'ébattait. Chez les Fleury de Jobourg, le goublin prenait ordinairement la forme d'un lièvre familier qui se laissait caresser comme un chat.

La présence d'un goublin indique généralement le voisinage d'un trésor. Tout trésor oublié depuis cent ans est placé sous la surveillance d'un goublin. Mais le trésor peut être révélé aussi par d'autres indices. Dans un herbage voisin du hameau Fleury, à Gréville, près d'une de ces colonnes de pierre que l'on place au milieu des champs pour que les bestiaux viennent s'y frotter quand ils sont démangés, on voyait souvent une belle cruche de cuivre luisante, qui disparaissait quand on venait à s'en approcher. Dans un carrefour voisin, on voyait une femme établie à filer. Quand on allait auprès, le rouet devenait de feu, puis disparaissait et la femme aussi. Dans une maison de Gréville, une femme qui était couchée dans son lit vit tout à coup une demoiselle apparaître à une de ses fenêtres, traverser la chambre et sortir par la fenêtre opposée sans bruit et sans rien casser. D'autres fois, cette même femme, en se réveillant dans la nuit, voyait un petit homme installé à filer au milieu de la chambre ; si elle se dressait sur son lit et lui adressait la parole, fileur et rouet disparaissait. Tout cela indiquait qu'un trésor était caché dans la maison. On le chercha longtemps, mais on ne parvint pas à le découvrir.

Dans certaines maisons *goublinées,* on est réveillé au milieu de la nuit par un tapage épouvantable ; les portes s'ouvrent et se ferment avec violence, on entend des corps lourds dégringoler par les montées. Les chaudrons, les poêles, les cruches de cuivre se choquent violemment. Dans la cuisine, on entend des bruits d'assiettes et de verres cassés. Le lendemain matin, on va voir : tout est en place, rien n'a bougé.

Généralement les goublins sont silencieux ; mais il y en a qui parlent. Il y en avait un au hameau Fleury, à Gréville, qui avait le don de la parole. On l'avait nommé Gabriet et il connaissait très bien son nom. Il prenait diverses formes ; c'était tour à tour un chien, un chat, un veau. On n'en avait pas peur. On lui parlait ; il comprenait, il répondait même quelquefois ; mais il nc causait jamais familièrement.

Une nuit, il réveille la maîtresse de la maison. Il avait levé la pierre du foyer : "Voilà de l'argent, disait-il, viens le prendre." Elle aurait bien voulu aller voir mais la peur l'emporta ; elle resta dans son lit. Bien lui en prit, Gabriet lui dit plus tard : "Tu as bien fait de ne pas venir. J'allais te mettre sous la pierre."

Il ne trompait pas toujours. Un des fils de la maison s'appelait Desmonts (Fleury-Desmonts, car alors on donnait des noms de seigneurie aux aînés de la famille, le plus jeune gardait seul le nom héréditaire). Une nuit, Desmonts s'entend appeler : "Desmonts, Desmonts, ton cidre jette."

Desmonts reconnut la voix de Gabriet ; il craignit un piège et ne bougea pas ; il s'en repentit : le lendemain, quand il entra au cellier, il trouva un de ses tonneaux presque vide, parce que la chantepleure avait été mal fermée.

Quand les goublins ne s'en tiennent plus aux simples espiègleries, c'est qu'ils s'ennuient de garder le trésor qu'on leur a confié, qu'ils désirent qu'on le découvre et qu'on les

"Laboureur ensorcelé",
Mansell collection, London.

délivre, mais ils n'ont pas le droit d'enseigner le lieu précis où il se trouve. C'est ce qui explique comment les recherches sont souvent infructueuses. Le trésor gardé par Gabriet fut longtemps cherché inutilement parce qu'il n'était pas dans la maison, mais dans une de ses dépendances, dans une grange dont on ne se servait pas. Cette grange, les Fleury la louèrent aux Polidor. Ceux-ci trouvèrent le trésor dans un mur, mais ils ne s'en vantèrent pas. Le trésor "levé", Gabriet disparut.

Le trésor une fois découvert, il reste encore certaines conditions à accomplir pour pouvoir s'en emparer sans danger. Il faut d'abord l'entourer d'une tranchée pour que le goublin ne soit pas tenté de l'emporter ailleurs ; il faut ensuite enlever soigneusement la terre qui l'entoure, et enfin il faut trouver quelqu'un qui "lève le trésor". Celui-là est condamné à mourir dans l'année. On prend ordinairement à cet effet un vieux cheval hors de service, dont on fait le sacrifice volontiers. Une dame Henry, de Gréville, qui avait découvert dans un trou de son escalier un vieux pot de terre contenant une somme de quinze cents francs et l'avait tiré elle-même de là, mourut dans l'année. C'était en 1770. On n'a plus entendu parler depuis de trésors découverts.

Les monuments mégalithiques, dolmens, menhirs, galeries couvertes, passent pour renfermer des trésors. On raconte à Beaumont que des Cherbourgeois qui étaient venus dans la lande à la recherche d'un prétendu trésor, travaillèrent longtemps et ne trouvèrent rien. Comme ils revenaient, ils aperçurent dans un arbre un homme "pas plus gros qu'un rat", qui se moquait d'eux et leur criait : Fouah ! Fouah !

FRANCHE-COMTÉ

LE SERVANT DES SERVANTES

Génie du foyer, le lutin domestique entretient forcément des relations privilégiées avec la servante qu'il seconde efficacement. Privilégiées certes, mais point trop n'en faut car tout esprit qu'il soit, il n'est pas à l'abri des flèches de Cupidon ; et malheur à celle qui se parjure !

Elle a un lutin, dit-on d'une servante active, prévoyante, rangeuse, qui ne laisse aucune besogne en arrière, et qui exécute avec agilité, avec intelligence, tout ce qu'elle fait. C'est un véritable éloge, car c'est dire en d'autres termes qu'elle est d'une étonnante habileté. On se sert en Allemagne de la même locution. Grimm nous l'assure à peu près en ces mots : "On dit encore, proverbialement, d'une servante qui fait bien son service : elle a le lutin. Mais quiconque le met en colère peut prendre garde à soi."

"Par exemple, s'il arrive que la domestique soit curieuse de voir son petit valet, son *kurd Chimgen* ou *Heinzchem* (c'est ainsi que l'on nomme l'esprit servant), celui-ci indique le lieu où elle pourra le voir, et il lui fait apporter là un seau plein d'eau. Elle le trouve en effet au rendez-vous, étendu sur un coussin, et pourvu d'un coutelas qu'il porte sur son dos. À cet aspect, la pauvre fille effrayée se pâme et tombe ; mais le drôle, lui jetant sur le corps toute l'eau de son vase, la fait bientôt revenir à elle."

Voilà une curiosité punie ; mais c'est peu de chose en comparaison des vengeances que tire le génie familier d'une servante qui se joue une fois de lui.

– Follet, follet, mon petit follet, disait à voix basse la gentille Catherine de Saint-Hyppolyte dans le Doubs, que puis-je faire pour me montrer reconnaissante de tant de bons offices que tu me rends nuit et jour ? C'est par toi que je brille : sans toi je ne serais plus rien.

– Être toujours chéri de toi, Catherine, ma bonne Catherine ; voilà ma plus douce récompense.

– C'est par toi que je suis sage, reprend la candide jeune fille, sans toi je serais peut-être comme tant d'autres !

– Et moi, réplique l'invisible fouletot, moi qui suis le plus inoffensif de tous les êtres, sans toi j'en serais le plus méchant.

– Follet, follet, mon petit follet, que m'arriverait-il, si j'allais devenir amoureuse et songer au mariage ?

– Prends-y garde, Catherine ! La vengeance serait terrible. Tu l'as dit tout à l'heure, c'est par moi que tu brilles, c'est par moi que tu es sage ; tu serais sans talent, sans vertu, et bientôt sans emploi.

Mais Catherine n'écouta pas toujours les conseils de l'esprit ; elle parut du moins les perdre de vue, en prêtant l'oreille à des propos qui n'étaient pas, à beaucoup près, aussi désintéressés : un joli garçon de la ville lui demanda sa main, et la main fut promise.

Le petit lutin s'aperçut du changement survenu dans les affections de son amie. Plus fidèle à sa menace que Catherine ne l'était à ses promesses, il tira vengeance de cet affront, et voici comment.

À une heure très avancée de la nuit, que la maîtresse de Catherine revenait d'une soirée, elle voit un jeune homme qui descend avec mystère et précaution de la fenêtre de la domestique en disant : à demain, Catherine, à demain ! La dame croit le reconnaître ; elle monte ; elle va gourmander l'innocente qui dormait d'un bon somme.

– Allons, allons, dit-elle d'un ton sévère, ne faites pas semblant de dormir ; je sais tout : ce jeune garçon sort d'ici ; je l'ai vu, je lui ai parlé, il m'a répondu.

– Mais, que veut dire madame ?

– Je veux dire, Catherine, que je ne puis tolérer une pareille conduite, et que votre compte sera fait demain matin.

– Je ne comprends rien, en vérité, à ce que dit madame ! répétait-elle en se frottant les yeux.

– C'est bien, c'est bien !

La pauvre Catherine calomniée (oh ! indignement calomniée, car elle était simple et pure comme un enfant) eut beau se disculper avec toute la sincérité du langage et du cœur, son compte fut fait, et elle, congédiée.

Or, tout cela, je n'ai pas besoin de l'ajouter, était l'ouvrage de notre lutin vindicatif : il était allé chez son rival, qui dormait aussi d'un bon somme, lui avait enlevé ses habits, s'en était affublé et s'était montré en personne à la maîtresse de maison, afin de lui faire croire à une intrigue amoureuse, et de provoquer contre la parjure le châtiment de son inconstance.

Cette histoire est connue de toutes les fileuses de la Franche-Comté et pas une d'elles ne la met en doute lorsqu'on la raconte à la veillée.

PICARDIE

LÉGENDE DU MÉNÉTRIER

Un ménétrier revenait un soir, vers minuit, de la fête d'Heilly, où il avait été jouer du violon sur la grande place. Il lui fallait pendant presque deux lieues, traverser la grande forêt d'Heilly avant de rentrer à Warloy ; mais notre homme ne s'en inquiétait guère ; il avait suivi ce chemin

"Les Lutins farceurs", par George Cruikshank.

bien des fois déjà sans accident ; de plus il était pauvre et n'avait rien à craindre des voleurs, qui s'attaquent à de tout autres gens qu'un ménétrier revenant de la fête.

La lune brillait dans tout son éclat et le ménétrier chantait une nouvelle chanson apprise depuis peu quand il lui sembla entendre derrière lui les hurlements d'un animal sauvage. Il se retourna et se vit suivi par un loup énorme qui semblait prêt à se jeter sur lui pour le dévorer. La première idée du paysan fut de fuir ; mais que pouvaient faire ses vieilles jambes usées pour le faire échapper à un animal tel que le loup ? C'est ce que comprit le ménétrier. Il avait sous le bras, outre son violon, une grosse galette qui lui avait été donnée à la fête et qu'il avait soigneusement conservée pour la rapporter à sa femme et à ses enfants. Il se faisait une fête de la leur donner tout entière et de leur montrer par là qu'il ne les avait pas oubliés pendant son absence, mais... le loup était là menaçant et l'homme trouva qu'il n'avait rien de mieux à faire que de casser un morceau de sa galette et d'essayer de calmer le loup en le lui jetant dans la gueule. C'est ce qu'il fit ; le loup mangea le morceau de galette, mais continua de suivre le pauvre ménétrier qui marchait du plus vite qu'il pouvait sans avoir l'air de courir et de vouloir s'échapper.

Bientôt le loup parut revenir à sa première idée de se jeter sur le vieux paysan et de n'en faire qu'une bouchée. Il s'en rapprocha insensiblement jusqu'à ce qu'il en vînt à lui toucher les jambes du bout de son museau. Tout tremblant de frayeur, le pauvre ménétrier prit un nouveau morceau de galette et le jeta au loup un peu en arrière pour se donner le temps de s'avancer de quelques pas au-devant de son redoutable compagnon de route. Le loup se recula pour saisir le morceau de galette et ne se fit pas prier pour le manger. Puis, en quelques bonds, il rejoignit le violoneux et se mit à lui marcher sur les talons. À chaque instant le paysan se croyait sur le point d'être dévoré par le loup, et il essayait de retarder ce moment critique en abandonnant à l'animal un nouveau morceau de la galette. Mais ceci ne pouvait durer bien longtemps ; la galette s'épuisait, et au bout de trois quarts d'heure environ, l'homme en jetait le dernier morceau au loup affamé.

Cette fois, sa dernière espérance de salut s'était évanouie. Personne au monde ne pouvait lui porter secours à une heure si tardive, au beau milieu d'une forêt si grande que la forêt d'Heilly. Il lui fallait se préparer à mourir, dévoré vivant par l'animal. Le pauvre violoneux fit son acte de contrition, demanda pardon au seigneur de ses péchés, et, ayant ainsi réglé ses affaires de conscience, il voulut avant de mourir jouer une dernière fois de son violon, de son instrument favori avec lequel il avait fait danser tant de "branles" et de "cotillons".

Tremblant bien un peu, il tira le violon de son étui, qu'il jeta pour être moins embarrassé, et il commença un air triste, plaintif et doux, dicté par la circonstance.

Aux premiers sons, le loup s'arrêta, tout étonné, et se mit à trembler de tous ses membres. Et comme le violoneux marchait toujours, l'animal se remit à le suivre en hurlant, sautant, dansant, gambadant de mille façons bizarres, qui auraient fait rire le paysan en toute autre occasion. Celui-ci, reprenant son courage pour ne songer qu'à sa musique, tirait, pendant ce temps, des airs inconnus et merveilleux du violon dont il jouait. On ne sait comment cette aventure se serait terminée pour le violoneux si de nouveaux acteurs n'étaient venus se mêler à la scène.

Attirés par cette musique divine et par les hurlements diaboliques du loup, des milliers de lutins, de passage en ce moment dans le bois d'Heilly, venaient d'envahir la route et se tenaient immobiles, muets d'étonnement et de plaisir. Il semblait que tous les lutins de la Picardie se fussent donnés là rendez-vous pour ce soir. Le violoneux aperçut des "goblins", des "houppeux", des "fioles", des "herminettes" de toutes formes et de toutes tailles, vêtus de toutes sortes de façons bizarres. Le courage lui revint et il commença un air gai, entraînant, qui fit écarquiller de plaisir les yeux des petits lutins. Et comme le ménétrier continuait par une valse, lutins, houppeux, goblins, fioles se prirent par la main et, n'y tenant plus de joie, formèrent une vaste ronde autour du loup et du joueur de violon.

– Allons, Din-Don ; toi qui es le plus agile des lutins, enfourche le loup et conduis la danse ! crièrent les petits hommes à un charmant petit goblin qui n'avait point encore pris part à la ronde et qui, assis sous un noisetier, regardait avec curiosité la danse de ses amis.

Din-Don ne se le fit pas répéter ; il fit une cabriole, sauta par-dessus le cercle et retomba sur le dos du loup.

– Allons, en avant ! Balancez vos dames ! cria le violoneux qui avait retrouvé tout son sang-froid et qui se serait cru à jouer sur la grande place du village, au milieu des jeunes gens et des jeunes filles.

– En avant, maître loup ! Hop ! hop hop ! cria joyeusement le petit goblin Din-Don.

Et loup et lutins se mirent à tourner, à tourner, dans une danse folle, délirante. Jamais le ménétrier ne s'était vu à pareille fête : les lutins étaient si beaux et ils dansaient si bien ! Et puis il n'était pas fâché de voir Compère le Loup en si bonne compagnie !

Et la ronde durait toujours, et Din-Don frappait sans relâche le pauvre loup pour lui faire suivre la danse, et le violoneux jouait sans aucune fatigue des airs de plus en plus joyeux et de plus en plus beaux qui lui venaient sous son archet il ne savait trop comment.

Au bout d'une heure de cette danse échevelée, le loup tomba mort sur le gazon ; les lutins prirent son cadavre et le jetèrent dans le taillis. Puis ils reprirent avec une nouvelle ardeur leur danse interrompue. Comme le ménétrier, les goblins, les houppeux, les fioles et les herminettes semblaient ne ressentir aucune fatigue et s'animer davantage encore, s'il était possible, dans leur ronde passionnée.

Tout à coup, une herminette venant du dehors sortit du fourré, passa dans le cercle des danseurs, et dit quelques mots à voix basse à Din-Don.

Ce dernier s'arrêta, fit un signe et la danse cessa.

– Amis, dit-il, l'aurore va bientôt paraître et il nous faut songer à regagner nos demeures. Sans cette gentille herminette, qui a pris soin de nous avertir, nous courions le risque d'être ici surpris par le jour. Mais avant de quitter cette forêt, il nous faut récompenser ce brave ménétrier qui a bien voulu nous faire passer ici une nuit si agréable. Je sais que c'est un pauvre homme et que quelques pièces d'or dans son escarcelle ne sauraient lui nuire. Donnons-lui donc tout ce que nous avons sur nous.

– Oui ! oui ! c'est cela ! crièrent les lutins.

Et chacun d'eux donna quelque chose à l'homme ; pour l'un ce furent des pièces d'or ou d'argent, pour d'autres un diamant ; l'un donna une belle veste brodée d'or pour le fils du violoneux, un autre une robe d'un travail exquis pour sa fille ou un bonnet pour sa femme. Ceux d'entre eux qui n'avaient rien lui confièrent quelque important secret ou lui dévoilèrent la vertu de quelque plante ou de quelque fleur. Mais le plus beau présent fut celui du petit goblin Din-Don, le roi des lutins. Il offrit au ménétrier un violon tel que jamais n'en avait possédé aucun violoneux. Ce violon, fait d'un bois inconnu et enfermé dans un charmant étui fait de la main des fées sans doute, rendait des sons véritablement divins.

– Encore une ronde ! demanda une jolie petite fiole.

– Encore une ronde ! répétèrent les autres lutins.

Le ménétrier prit son nouveau violon et joua une nouvelle ronde. Les lutins, sans se tenir par la main, cette fois, se mirent à danser à nouveau sur les branches, les feuilles et les fleurs des buissons bordant le sentier, mais si doucement, si légèrement que branches, feuilles et fleurs ne remuaient en aucune façon sous le poids des gentils petits êtres.

Au commandement du chef Din-Don, le violoneux s'arrêta et les lutins se dispersèrent après avoir remercié à nouveau le ménétrier.

Resté seul, celui-ci rassembla les présents des petits hommes et reprit sa route vers Warloy. Bientôt après il arriva au village et y trouva sa famille dans la plus grande inquiétude. Il rapporta ses aventures de la nuit dans la forêt d'Heilly et ce ne fut qu'après avoir montré le violon merveilleux, la veste, la robe, le bonnet et les pièces d'or, présents des lutins, qu'il put donner créance à son récit.

Riche désormais, il vécut fort heureux, regardé par tous comme le meilleur ménétrier de la Picardie et même du monde.

MIDI-PYRÉNÉES
(Gascogne)

LES PETITS HOMMES

Les changements de saisons, les solstices, les équinoxes étaient des moments clés de l'année au cours desquels se rendaient des cultes à la Nature. Profondément ancrés dans les mentalités collectives, ils ne purent être éradiqués malgré les efforts de l'Église qui cala son calendrier sur les fêtes païennes. Ce n'est pas un hasard si Jésus – dont la date de naissance reste problématique – naquit en une période où l'on célébrait le rallongement des jours. Et pas un hasard non plus si les entités surnaturelles reviennent en force pendant cette période-là. "Nous n'avons que la nuit de la Saint-Sylvestre" répètent les Petits Hommes. Cultivateurs, bergers et détenteurs de trésors, ils ne disposent que de cette nuit pour récolter leur provende annuelle. C'est tout ce que Dieu a concédé à ces créatures qui ne sont pas de la "race" des chrétiens. Mais cela suffit pour enrichir le chrétien qui leur porte secours.

Il y a une race de Petits Hommes, que plusieurs appellent des Nains.

Les Petits Hommes n'ont pas un pied de haut. Ils demeurent sous terre et dans le creux des rochers, se coiffent de bonnets velus, portent de longs cheveux et de longues barbes, s'habillent de rouge à l'ancienne mode, se chaussent de sabots d'argent, et vont armés de sabres et de lances. Ces créatures ne sont pas de la race des chrétiens. Elles ne mourront qu'à la fin du monde et ne ressusciteront pas pour être jugées.

Les Petits Hommes ne sont pas méchants, et même ils rendent service au besoin. Si vous voulez les voir tout bleus de colère, vous n'avez qu'à crier : "Couac ! couac ! couac !" comme les oies, qui les battent à grands coups de bec, chaque fois qu'elles les rencontrent. Si vous voulez les voir contents comme des pinsons, dites :

Rigue, rague,
C'est aujourd'hui la paie *.

Autrefois, les Petits Hommes se montraient de temps à autre. Maintenant, je n'en entends plus parler. Peut-être se sont-ils dépaysés. Peut-être n'osent-ils plus sortir le jour, à cause de la méchanceté des gens, ou par crainte d'être battus par les oies à grands coups de bec.

Les Petits Hommes boivent et mangent comme nous. Voici comment ils se procurent ce qu'il leur faut.

Selon les saisons, la terre porte différentes récoltes : du foin au mois de juin, du blé au mois de juillet, des raisins et

* Ces deux lignes riment en gascon :
Rigo, rago,
Est anèit la pago. (N.d.l'A.)

du maïs au mois de septembre. Il y a aussi les fruits de toutes sortes, un autre genre de bétail gros et menu, que les chrétiens ne voient et ne touchent presque jamais. Tout ceci croît à la fois, pour les Petits Hommes, durant la nuit de la Saint-Sylvestre, depuis le coucher du soleil jusqu'à minuit, et doit être rentré sous terre, depuis minuit jusqu'au lever du soleil.

Pendant plus de sept heures, les Petits Hommes sont donc forcés de travailler comme des galériens. Puis, ils ont encore une heure juste, pour porter et remuer au jour leur or jaune, leurs piles de doubles louis et de quadruples d'Espagne qu'ils gardent dans le creux des rochers. Si cet or jaune ne voit pas la lumière une fois par an, il se pourrit et devient rouge. Alors, les Petits Hommes n'en font plus cas, et le jettent.

Aussi vrai que nous mourrons tous, je ne parle que de ce que je sais. D'ailleurs, je ne suis pas embarrassé pour prouver ce que j'ai dit.

Il y avait autrefois, à Saint-Avit, un tisserand chargé de famille, et pauvre comme un furet. De son vrai nom, il se nommait Cluzet. Mais quand il fut devenu riche, les gens lui donnèrent, par jalousie, le sobriquet de Cagolouidors *. Mon pauvre grand-père (Dieu lui pardonne !) m'a souvent conté comment ce tisserand fit fortune, et vous allez le savoir.

Cluzet n'avait pas son pareil pour prendre les lapins en toute saison, au furet, au lacet, et pour les tuer à l'affût, même dans les nuits les plus noires. Tous les ans, il faisait ainsi périr plus d'un millier de ces bêtes, que sa femme et

* En gascon, ce sobriquet signifie "Chie louis d'or". *(N.d.l'A.)*

sa fille allaient vendre, aux foires et marchés de Lectoure et d'Astaffort.

Les nobles et les riches bourgeois, qui aimaient la chasse, n'étaient pas contents. Ils traitaient Cluzet de canaille, de braconnier, et le dénonçaient aux gendarmes. Mais lui ne faisait qu'en rire, car il mettait souvent les juges de Lectoure à même de manger de bons civets, qui ne leur coûtaient pas cher. Comme de juste, ces messieurs se gardaient bien de condamner un si brave homme.

Un soir d'hiver, veille du premier de l'An, Cluzet mangeait la soupe avec tous les siens. Cela fait, il dit à sa femme :

– Écoute, mie. C'est demain le jour des étrennes. Je veux faire cadeau de quelques lapins au président et aux juges de Lectoure. Couche les enfants, et monte au lit. Moi, je m'en vais à l'affût.

Cluzet prit son fusil, son havresac, ses munitions, et partit. Il glaçait, et les étoiles brillaient dans le ciel noir et sans lune.

À peine le tisserand s'était-il mis à l'affût, parmi les rochers de Gère, qu'il entendit crier sous ses pieds :

– Allons, fainéants. Dépêchez-vous. Il faut que tout soit prêt à minuit juste.

– *Nous y allons, Maître.*

Nous n'avons que la nuit de la Saint-Sylvestre.

Alors Cluzet comprit que c'étaient les Petits Hommes qui se préparaient à leur travail de tous les ans ; et il demeura là, pour voir et entendre ce qui allait se passer.

À l'entrée d'un terrier, le maître des Petits Hommes, un fouet à la main, regardait le ciel en criant :

"Le petit peuple souterrain", par George Cruikshank.

– Minuit. Allons, fainéants. Dépêchez-vous. Il faut que notre provende de toute l'année soit sous terre, avant le lever du soleil.

– *Nous y allons, Maître.*

Nous n'avons que la nuit de la Saint-Sylvestre.

Du terrier, décampaient, sous les coups de fouet du maître, je ne sais combien de Petits Hommes, avec des faulx, des faucilles, des fléaux à battre le blé, des serpettes, des paniers de vendangeurs, des jougs, des aiguillons, enfin ce qu'il faut pour récolter toutes choses et pour conduire le bétail.

Les Petits Hommes partis, le maître appela le tisserand.

– Cluzet, veux-tu gagner un écu de six livres ?

– Oui, certes, maître des Petits Hommes.

– Eh bien, Cluzet, tu vas donner un coup de main à mes gens.

Une heure après, quelques Petits Hommes revenaient déjà de je ne sais où. Les uns conduisaient des charrettes grandes comme des moitiés de citrouilles, chargées de foin, de vendange, de maïs, et de fruits de toutes sortes. Les autres ramenaient des bœufs et des vaches, pas plus grands que des petits chiens, des troupeaux de brebis, pas plus hautes que des belettes.

Cluzet avait fort à faire pour aider les Petits Hommes, qui maintenant arrivaient par centaines. Et toujours le maître faisait claquer son fouet, en criant :

– Allons, fainéants. Dépêchez-vous. Il faut que notre provende soit sous terre, avant le lever du soleil.

– *Nous nous dépêchons, Maître.*

Nous n'avons que la nuit de la Saint-Sylvestre.

Juste au lever du soleil, toute la provende des Petits Hommes était sous terre.

Alors, le maître dit au tisserand :

– Cluzet, voici ton écu de six livres. Certes, tu l'as bien gagné. Veux-tu en gagner un autre ?

– Oui, certes, maître des Petits Hommes.

– Eh bien, Cluzet, tu vas donner encore un coup de main à mes gens.

Déjà, les Petits Hommes sortaient des creux des rochers, chargés de sacs pleins d'or jaune, de sacs pleins de louis et de quadruples d'Espagne. Et toujours le maître faisait claquer son fouet, en criant :

– Allons, fainéants, dépêchez-vous. Nous avons une heure juste pour remuer les piles d'or jaune, que nous gardons au creux des rochers. Si cet or ne voit pas le jour une fois par an, il se pourrit et devient rouge. Alors il faut le jeter.

– *Nous y allons, Maître.*

Nous n'avons que la nuit de la Saint-Sylvestre.

Cluzet avait fort à faire à vider les sacs et à remuer l'or jaune pour lui faire voir le jour.

Aussitôt, les Petits Hommes le reprenaient et l'emportaient vite, vite, au creux des rochers.

Une heure après, le maître fit claquer son fouet et cria :

– Tiens, Cluzet, voici ton autre écu de six livres. Certes, tu l'as bien gagné. Mais mes gens sont des rien-qui-vaille. Par leur fainéantise, trois quintaux d'or jaune n'ont pas vu le jour depuis plus d'un an. Maintenant, voilà cet or pourri et rouge. Allons, canailles. Jetez dehors cette saloperie, qui nous empesterait sous terre.

Les Petits Hommes obéirent. Ils jetèrent dehors les trois quintaux d'or rouge. Puis ils disparurent, avec le maître, au fond du terrier.

Cluzet prit un louis d'or et une quadruple d'Espagne. Cela fait, il enterra le reste, et retourna chez lui.

- Eh bien, mon homme, as-tu fait bonne prise ?

- Oui, mie. J'ai fait bonne prise.

- Montre un peu.

- Pas encore. J'ai des affaires pressées ailleurs.

Sans prendre le temps de manger ni de boire, Cluzet partit pour la ville d'Agen, et entra dans la boutique d'un orfèvre.

- Bonjour, orfèvre. Regarde cet or rouge. Regarde ce louis d'or et cette quadruple d'Espagne. Sont-ils aussi bons que s'ils étaient en or jaune ?

- Oui, mon ami. Si tu veux, je vais te les changer contre des écus.

L'argent compté, Cluzet repartit aussitôt pour Saint-Avit, sans prendre le temps de manger ni de boire. En arrivant, le pauvre homme n'en pouvait plus.

- Femme, vite, vite la soupe. Vite, la miche et le *piché*. Je crève de faim et de soif.

Le souper fini, le tisserand se mit au lit, et ronfla quinze heures de suite. Mais, la nuit suivante, il partit en secret pour les rochers de Gère, et revint avec un quintal d'or rouge. Les deux autres nuits, il rapporta le reste. Alors, Cluzet appela sa femme.

- Regarde. N'avais-je pas raison de te dire que j'avais fait bonne prise, la nuit de la Saint-Sylvestre ? Maintenant, nous sommes riches. Il faut prendre du bon temps.

Ce qui fut dit fut fait. Cluzet quitta Saint-Avit avec les siens, et ils s'en allèrent loin, bien loin, plus loin que Moissac, dans le pays de Quercy. Avec ses trois quintaux d'or rouge, Cluzet acheta là un grand bois, un moulin à eau à quatre meules, vingt métairies, et un beau château, où il vécut longtemps heureux avec sa femme et ses enfants. C'était un brave homme, serviable pour ses voisins, et aumônier comme pas un. Cela ne l'empêcha pourtant pas d'être jalousé pour sa fortune. Voilà pourquoi on lui donna le sobriquet de Cagolouidors.

ALSACE

LE PETIT HOMME ROUGE DE STRASBOURG

Ce petit homme rouge est peut-être une survivance de la croyance aux dieux domestiques qu'on rencontre en Allemagne et dans les pays scandinaves ; ces derniers portent habit et bonnet rouges, ont des grands yeux luisants et laissent

Gravure in *Les Chefs d'œuvre de la littérature et de l'illustration*, sd.

derrière eux de longues traces de feu, quand ils passent à travers les airs. En Thuringe, ainsi que dans la Marche, on les appelle aussi les jeunes garçons rouges.

Tout le monde connaît, à Colmar et à Strasbourg, les auberges qui ont pour enseigne : *Au petit homme rouge.* Même ailleurs, en Alsace, dans les plus petites villes, plus d'un cabaret s'appelle ainsi. Notons ici la tradition qui s'y rattache et qui risque de se perdre peu à peu dans les générations à venir. Sans doute, elle n'est pas d'origine alsacienne, mais le peuple l'a peu à peu adoptée, comme nous verrons. D'après une croyance populaire très répandue, chaque fois qu'à Paris un malheur menaçait la famille royale régnante, un petit homme rouge se montrait au château des Tuileries. Il parcourait les corridors et les salles, et son air grave semblait vouloir donner un avertissement *.

Il se montra de nouveau du temps de Napoléon. Mais, cette fois, il ne se contentait pas de hanter le château ; il suivait l'Empereur dans toutes ses expéditions conquérantes à travers le monde, lui donnant conseils et avertissements à la veille de toute grave entreprise.

Ainsi, il s'attacha à lui d'abord en Égypte, quand il était le général Bonaparte, et lui prédit qu'il serait un jour empereur. Plus tard, il revint, avant les campagnes d'Espagne et de Russie, et une dernière fois, avec un air particulièrement grave et pensif, avant la fatale bataille de Waterloo.

* Certains affirment que le petit homme rouge était aux côtés de Ravaillac lors de l'assassinat d'Henri IV et en compagnie de Louis XVI lors de sa fuite à Varennes. *(N.d.l'É.)*

On prétend avoir vu aussi le petit homme rouge à Strasbourg dans les corridors de ce qu'on appelle le Palais, qui avait été autrefois et qui est redevenu, à plusieurs reprises, le palais épiscopal, quand Napoléon, avec l'impératrice Joséphine, à la fin de septembre 1805, visita la ville, d'où il repartit ensuite par Bade, la Souabe et la Bavière, pour pénétrer victorieux en Autriche, faire son entrée à Vienne et remporter le 2 décembre la victoire d'Austerlitz sur les Russes et les Autrichiens.

Aujourd'hui, on dit que le petit homme rouge est enseveli sous la tour de la cathédrale, dans le souterrain des fondations rempli d'une eau profonde.

CENTRE
(Berry)

LE LUPEUX

*Pervers, bavard, flatteur, le lupeux crieur et tueur du Berry est le pendant totalement négatif du Iannic-ann-Ôd breton. On en trouve en France de nombreux équivalents : les Braillards de l'île de Noirmoutier, le Moine de Saire en Basse-Normandie, le Criard de Carteret, les Crieux du Maine et de l'Anjou, le "Pleurant des Bois"... Outre-Rhin, on le nomme "Schrat". Celui-ci est parfois défini comme un mauvais Lare, les bons Lares étant élevés au rang de divinités protectrices. Ce personnage aux multiples facettes illustre parfaitement la collusion entre les morts, les génies tutélaires et les nains : défunt malfaisant, sorciers nécromants (divination par les morts), esprit champêtre et sylvicole ou bien cauchemar *.*

Le lupeux est un démon dont la nature n'a jamais été bien définie et dont l'*apparaissance* varie suivant les localités. C'est encore au pays de Brenne qu'il fait sa résidence dans ces interminables plaines semées d'étangs immenses

*Cf. Claude Lecouteux : *Démons et Génies du Terroir au Moyen -Âge* et *La Maison et ses Génies*, Imago 1995 et 2000. *(N.d.l'É.)*

qui ont tous leur légende et où vivent de grands serpents donneurs de fièvre, cousins germains des *cocadrilles* que l'on aperçoit quand les eaux sont basses, mais que l'on ne peut détruire qu'en asséchant les marécages où ils résident depuis que le monde est monde.

Un de nos amis, qui parcourait le pays avec un guide, entendit, un soir, dans le crépuscule, une voix presque humaine et très douce qui, d'un ton enjoué ou plutôt goguenard, répétait de place en place, autour de lui :

– Ah ! ah !

Il regarda de tous côtés, ne vit rien et dit à son compagnon de route :

– Voilà quelqu'un de bien étonné ; est-ce à cause de nous ?

Le guide ne répondit rien. Ils continuèrent à marcher dans la plaine déserte où les arbres *têteaux*, c'est-à-dire étêtés et mutilés par l'ébranchage, prenaient sur l'horizon, blanchi à l'approche de la lune, les formes les plus monstrueuses et les plus bizarres. La petite voix claire et douce suivait nos voyageurs, et à chaque mouvement de surprise que faisait notre ami, répétait "Ah ! ah !" d'une manière si moqueuse et si gaie qu'il ne put s'empêcher de rire en lui répondant :

– Eh bien, quoi donc ?

– Taisez-vous, pour l'amour de Dieu ! lui dit son guide en lui serrant le bras et en se signant avec dévotion ; ne lui parlez pas, n'ayez pas l'air de l'entendre. Si vous lui répondez encore une fois, nous sommes perdus !

Notre ami, qui connaît bien les idées du paysan, ne s'obstina pas, et, quand ils eurent lassé par leur silence l'invisible persifleur :

– Ah ! çà, dit-il à son guide, c'est un oiseau de nuit, une espèce de chouette ?

– Ah bien, oui ! répondit l'autre, un bel oiseau ! c'est le lupeux ! ça commence par plaisanter avec vous et puis ça se fâche et ça *vous périt* dans quelque fondrière.

Telle est, en effet, la spécialité du lupeux, démon aussi spirituel que méchant, que l'on a vu quelquefois perché sur un arbre tordu, vu qu'il est lui-même *de travers,* c'est-à-dire *traversieux*, c'est-à-dire enfin pervers et amoureux *de nuisance.*

Les gens qui ont eu l'imprudence de le suivre et de l'écouter s'en sont mal trouvés. Il n'est sorte de plaisants contes, de méchants propos, de commérages sanglants ou comiques dont il ne vous régale dès que vous avez été assez curieux pour lui dire jusqu'à trois fois : "Quoi donc ?" ou "Qu'est-ce qu'il y a ?" Il commence alors à babiller comme une *ageasse* (une pie) ; il vous régale d'aventures étranges et scandaleuses, il promet de vous faire surprendre des rendez-vous galants qui intéressent votre malice naturelle ou votre jalousie conjugale. Une fois dans ses griffes, on ne se lasse pas de l'écouter et de le questionner. Il vous conduit au bord d'une eau trompeuse et vous dit : "Regarde !" Vous vous penchez vers ce fantastique miroir où vous apparaissent en effet les images qui troublent votre imagination ; mais le perfide vous pousse, et, quand la mort vous enlace de ses bras glacés, vous entendez le lupeux, perché sur une branche au-dessus de l'eau, dire de sa jolie scélérate de voix :

– Ah ! ah !... Eh bien, voilà ce que c'est !

LE HUPEUR

*Fiction ou non, Claude Seignolle se présente ici pour ce qu'il est : un chasseur de légendes, un traqueur de traditions populaires, un analyste de "l'âme superstitieuse" dont son œuvre a immortalisé la mémoire *.*

Le voici sur les pas de George Sand, dans ce même pays de Brenne peuplé de Lupeux et Hupeurs mortifères. Il pensait y glaner quelque nouveau trésor, une jolie pièce de superstition propre à satisfaire son inaltérable curiosité. Elle le sera au-delà de ses espérances. Entre cauchemar et réalité, il découvre que, si les croyances se trompent parfois de cible, elles nous disent que le mal existe et nous en avertissent. N'abattez jamais les légendes... elles comprennent toujours une part de vérité.

Mon vieil ami, le docteur ...., de Châteauroux, m'avait conseillé de visiter la gentilhommière de Guernipin, en Brenne, entre Mézières et Rosnay... si toutefois le maître des lieux m'y conviait, son caractère n'étant pas toujours en harmonie avec celui des étrangers qui le sollicitaient.

Ainsi découvris-je Guernipin et Geoffroy de la Tibaldière, fieffé zoologiste, célibataire heureusement sans famille qui, sacrifiant son confort à une exceptionnelle collection d'animaux empaillés, naturalisés ou en bocaux,

* Claude Seignolle a réalisé de nombreuses enquêtes de terrain dont rendent compte ses ouvrages de folklore (*Le Folklore du Hurepoix, Le Folklore du Languedoc, En Sologne...*) et qu'il transpose dans ses romans et ses nouvelles avec une remarquable justesse (*Le Diable en sabot, La Malvenue, Marie la Louve...*). Ce récit est publié avec son aimable autorisation et nous lui renouvelons nos remerciements. *(N.d.l'É.)*

logeait dans une étroite chambre sur un lit de sangle, chacune des vingt autres pièces confortables étant gavée en priorité d'une faune poussiéreuse et docile.

Il m'ouvrit largement les portes de son zoo en chambre, m'avouant que cette coriace et envahissante collectionnite remontait à sa haute enfance. Il l'avait bêtement attrapée dès l'âge de huit ans en enfermant, par jeu, dans des boîtes d'allumettes vides, tous les insectes vagabondant sur la propriété de Guernipin.

Vénérables cercueillets soigneusement étiquetés, autrefois rutilants, aujourd'hui fripés par le temps, à l'image de la peau de leur propriétaire qui se montra confiant au point de m'accorder leur manipulation.

Guidé par le connaisseur le plus parfait puisque M. de la Tibaldière était un alerte vieillard de quatre-vingt-cinq ans et lui-même pièce de collection en forme de fichier, je fus invité à parcourir attentivement ce capharnaüm de plumes, poils et écailles. Cet après-midi-là, nous ne visitâmes que les pièces du rez-de-chaussée et l'arrivée du crépuscule, baissant son rideau sur ces merveilles locales ou exotiques, me laissa sur ma faim.

Aussi, ayant pris goût à cette chasse sans danger ni fatigue, je ne savais comment lui faire entendre que je désirais tout voir.

Il alla au-devant de ma gourmandise en me proposant de passer la nuit dans le haut lit à rideaux de la chambre paysanne qu'il avait fait reconstituer au grenier de Guernipin. Nous dînerions sans façon à la cuisine, et nous pourrions ainsi continuer à visiter sa mémoire érudite, tout en mangeant l'omelette aux girolles et le confit d'oie truffé pendant que Sylvain, le domestique, veillerait à maintenir dans nos verres le niveau d'un reuilly seigneurial à sa façon.

En vérité, M. de la Tibaldière étant bavard, j'allais satisfaire son impérieux désir.

Le bouquet de reuilly fit pétiller le parfum des girolles, s'épanouir celui des truffes et, disons-le, chauffa la langue déjà alerte de mon hôte.

À minuit, qui fut paresseusement épelé par l'horloge ventrue, il parlait toujours, dos au feu, servi par Sylvain, quinquagénaire basané jusqu'à la tignasse et ayant des allures de vieille Mauresque, ressemblance courante dans cette partie du Berry proche du Poitou, qu'a contaminée l'occupation sarrazine.

M. de la Tibaldière évoqua ses chasses lointaines et aventureuses du temps où la mire ne tremblait pas devant son œil ; il s'attarda avec amour à me retracer la vie brennouse aux heures de sa jeunesse, ses patientes explorations de gîtes, nids et bauges, et glorifia la vie effervescente de ce terroir mi-eau mi-terre, paradis sans égal pour la faune sédentaire ou migratrice.

À une heure du matin, ma tête pesait de connaissances nouvelles en ornithologie : col vert *(Anas platyrhyncha)*, chipeau *(Chaublasmus stepera)*, tadorne – je me fais grâce du latin –, milouin, héron, foulque, cul-blanc, râle (*Rullus aquaticus*, je n'ai pas oublié), tous minutieusement présentés : aspect, cris, mœurs et plus encore.

Sylvain s'était tassé sur le banc de chêne, tiré près de la cheminée et, patient comme un chien qui calcule d'avance tous les os à venir, bâillait de fidélité.

Quant à moi, malgré la fatigue de cette longue journée, je n'osais rompre avec un amphitryon aussi généreux d'accueil que de propos, espérant toutefois qu'il ne tarderait pas à s'ensommeiller lui aussi.

Mais il enchaîna sur la faune mythique que les Brennous, superstitieux en diable, prêtent aux nuits brennouses.

Il me parla du Hupeur.

Ma curiosité remise à l'étrier, je me redressai : un Hupeur ! voilà qui allait me convenir pour une brève chasse à la légende, même si j'étais las.

À ce nom, glissant sur le banc, Sylvain s'était encore rapproché du feu comme pour s'éloigner de nous, regardant avec attention les braises craquantes à croire qu'il n'en avait jamais vu.

– Vous devez savoir, m'interpella M. de la Tibaldière, qu'autrefois la famille de ces oiseaux-là était répandue au point que chaque marais de France et de Navarre possédait son propre esprit appeleur, sournois volatile qui conviait les naïfs à l'épouvante totale...

J'acquiesçai, pendant qu'il enchaînait sur une brillante énumération : Ouyeux de Normandie, Annequins des Ardennes, Houpoux de Bretagne ou Hueurs du Limousin, êtres protéiformes pondus jadis par l'imagination populaire et couvés à longueur de nuits troubles par les paysans crédules. Ici on avait un Hupeur, le seul encore vivant de tout le pays et, sans doute, le dernier de partout ailleurs.

Alors, mon hôte mima d'épauler un fusil et menaça en grossissant sa voix :

– Je ne l'ai jamais aperçu, sinon !...

Et ce sceptique me tira un malicieux clin d'œil avant de s'adresser à son domestique sur un ton compatissant :

- N'est-ce pas, Sylvain ?

Mais, faisant une tache à son obéissance, celui-ci ne répondit pas.

Enfin, je fus rendu à moi-même. Mon hôte se leva et me confia au domestique, lui donnant des ordres pour que rien ne me manquât, puis il nous congédia par une alerte volte-face que je lui enviai.

Sylvain prit un broc d'eau, une lampe et, passant devant moi, me conduisit lentement, sans se retourner, par de longs couloirs et de raides escaliers jusqu'au grenier, ma chambre.

Je ne fus point déçu, comme je l'avais craint. Au contraire, l'endroit, bien qu'étouffant de chaleur absorbée par le toit, était propre et agréable. Vaste aussi, avec de magnifiques charpentes vernies qui scintillèrent à notre passage. Le lit à rideaux, en bois de noyer, sentait la cire, et le drap un peu rude que je soulevai exhala un parfum de lavande. Quant aux quatre bouquets de cretonne à fleurs, liés aux montants, s'ils me firent redouter quelques araignées se cachant là, je me rassurai en pensant qu'elles devaient être très certainement épinglées, étiquetées par espèces, donc prisonnières et inoffensives.

Comprenant mes craintes, Sylvain s'empressa de déployer les étoffes et de les secouer afin de me montrer qu'aucune n'y logeait. Et il consentit pour la première fois à me sourire.

L'autorité de M. de la Tibaldière devait lui peser et, sans doute, désirait-il bavarder un peu. Aussi, il m'expliqua les lieux avec amabilité, m'indiquant où trouver la table de toilette ainsi que l'œil-de-bœuf, source d'air frais qu'il s'empressa d'aller ouvrir.

À ce sujet, comme je lui faisais remarquer que cette étroite ouverture serait insuffisante, il me fit signe de le suivre vers une porte qu'il déverrouilla et poussa.

Nous montâmes les marches d'un étroit escalier de pierre et débouchâmes sur la terrasse d'une tour crénelée que je n'avais pas remarquée de jour, en arrivant à Guernipin.

La vue circulaire était prodigieuse.

Partout, loin à la ronde, les plans d'eau, étangs ou lacs, brillaient à la lune, grosse cette nuit-là, et donnaient l'impression de s'enchevêtrer à l'infini.

Encadrée par une végétation grasse de pénombre, mais en réalité maigre de taillis, l'aquatique Brenne m'apparut tel un joyau, dédaigné pour quelque défaut et relégué dans ce coin d'oubli du riche Berry.

Je devinai Sylvain fier de la surprise qu'il m'offrait. Ne lui cachant pas mon émotion, je lui demandai des détails.

L'homme savait sa Brenne par cœur. Je connus bientôt le nom de chacun de ces miroirs à lune, de chaque lande et de chaque marais dont le plus proche était là, à le toucher du bout du pied, une méchante terre pourrie en voie de se durcir mais encore traître à l'imprudent : le marais de Gobe-Boeuf.

Me sentant à présent loin de toute envie de dormir et de quitter cet admirable paysage nocturne où il ne manquait qu'une touche de vie, je dis à Sylvain :

– Quel dommage que ce fameux Hupeur ne soit qu'une légende, sinon je l'eusse écouté et applaudi avec enthousiasme !

Le domestique me saisit vivement le bras et le serra.

Je compris que mon propos venait de lui faire perdre son plaisir. Le ton de sa voix baissa à s'éteindre presque.

- Ne le souhaitez jamais, monsieur, souffla-t-il, surtout par cette sorte de nuit... C'est celle qui lui convient pour nous diriger vers la mort...

Et il m'obligea à quitter les lieux.

Revenu dans le grenier, il referma et verrouilla soigneusement la porte de la tour. À la lumière retrouvée, je vis avec surprise son visage défait et couvert d'une fine sueur. Ajoutez à cela un tel air de crainte que j'eus envie de le consoler par une réconfortante bourrade.

Mais, intéressé et fort de mon incrédulité, j'usai d'une plus adroite mise en confiance et parvins à le faire asseoir avec moi sur le bord du lit, où, unissant le ton de mes questions à celui de son inquiétude, j'obtins quelques éclaircissements sur ce redoutable oiseau.

Ainsi appris-je que celui dont avait parlé M. de la Tibaldière existait réellement. Mieux, que son lieu de prédilection était le marais de Gobe-Boeuf, donc là, à cinq ou six portées de fusil de nous et à égale distance du village. Il ne présentait aucun aspect effrayant et pouvait être n'importe quel oiseau commun, mais changeait continuellement d'espèce afin de mieux berner ses victimes. Dans son cri, saillait une note de plus... Un rien de stridulant : sa malédiction... L'écouter, c'était perdre sa volonté malgré soi pour ne plus agir que selon la sienne. Obéissant, on sortait de son lit, on quittait la sécurité de sa maison et on allait en chemise, tel un somnambule, vers cet oiseau d'Enfer qui se réjouissait d'une proie nouvelle. On allait vers lui et, malgré les pieds dans la boue, on ne se sentait pas dans le marais. Lui, il reculait, reculait toujours pour vous attirer plus avant jusqu'au profond de la vase où vous vous enfonciez sans merci. Pessaut, Guérin, la Marguerite, et combien d'autres encore, étaient morts comme ça. On n'avait jamais retrouvé leurs corps, juste les traces de leurs pieds dans la partie la plus dure des bords de ce Gobe-Boeuf qui, sans doute, partageait ensuite la chair avec le Hupeur. Mais, il était facile de savoir qu'il s'agissait de lui puisque, la nuit, les oiseaux ne chantent ni ne sifflent. Aussi, lorsque vous l'entendiez, fallait-il vite aller tourner la clef de votre porte jusqu'en bout de pêne, se barricader de partout, écraser vos poings sur vos oreilles, vous enfouir entre les draps et, surtout, être au moins deux afin que l'un retienne l'autre d'obéir à l'appel néfaste...

Et, après m'avoir jeté cela comme on se débarrasse d'un secret qui gêne trop, Sylvain me quitta en toute hâte, emportant la lampe et me laissant dans le noir.

Je l'entendis donner deux tours de clef, sans doute par habitude. Puis il descendit, trébuchant dans sa précipitation.

L'aiguille argentée de la lune, profitant de l'œil-de-bœuf ouvert, s'enfonçait dans le noir du grenier, mais ne creva pas le lourd silence qui se gonfla alors, tel un ballon.

Je me dévêtis et m'allongeai sur le lit, oubliant dans ma fatigue les inquiétantes images laissées en moi par ce domestique superstitieux.

La chaleur m'empêcha de dormir immédiatement. Je me retournais sans cesse, oppressé, jusqu'au moment où je décidai d'aller ouvrir la porte de la tour.

Après maints tâtonnements, je la trouvai. L'air frais qui arriva par là, s'unissant à celui qui entrait par l'œil-de-bœuf, m'allégea.

Je me recouchai et, cette fois, le sommeil m'obéit presque tout de suite.

Je fis un rêve dont le début me fut très agréable mais qui, peu à peu, m'envahit d'un sourd malaise... Je me trouvais dans une vaste salle de bal, en habit d'une autre époque, détendu et satisfait, au creux d'un fauteuil... Une belle jeune femme venait m'inviter, usant des sourires les plus charmeurs... Mais je refusais, impoli, restant assis alors que j'aurais dû me lever et lui accorder avec empressement la danse qu'elle me demandait... Elle, sans paraître le moins du monde choquée par mon attitude, riait alors d'une façon étrange, sur trois notes aiguës balancées de silences qui faisaient rythme... Me prenant ensuite par les mains, elle me tirait à elle... Je m'alourdissais... Mais sa douce force parvenait peu à peu à me soulever... Debout, j'éprouvais une sensation de nudité et une gêne soudaine m'obligeait à fuir... Je heurtais maladroitement un mur ou une porte fermée, je ne me rappelais pas... Je tombais, et des gens venaient me relever, en me plaignant... Leurs mains me soutenaient, et m'entraînaient hors du bal dans un parc frais sentant l'herbe coupée... On me conduisait à un puits et, là, soit par jeu, soit par méchanceté, on me poussait comme pour m'obliger à enjamber et sauter la margelle... Je résistais en me laissant choir à terre où, pris d'une brusque terreur, je m'appesantissais, refusant d'accomplir cet acte stupide... Et j'entendais à nouveau le rire strident de la jeune femme devenue invisible, mais auquel je portais désespérément toute mon attention, regrettant trop tard de ne pas m'être joint à elle.

Le froid du petit jour me réveilla.

Je me trouvais sur la terrasse de la tour, allongé à même le sol et frissonnant. Un brouillard gris recouvrait Guernipin, peu à peu doré par le soleil naissant.

L'instant de stupeur passé, je compris sans peine les raisons de ma présence à cet endroit. Aucun doute n'était possible : étouffant dans cette serre de grenier et avide de grand air, je m'étais levé à demi-conscient, pour finir la nuit là.

Me penchant alors à un créneau, je découvris l'impressionnant à-pic de la tour, et, bouleversé, je réalisai quelle épouvantable chute j'avais risquée !

Cette nouvelle journée avec M. de la Tibaldière se passa aussi ardemment que celle de la veille. L'homme en savait tant et plus, que ce soit sur l'ambiguïté de l'onagre ou sur les migrations cycliques des phacochères *, avec anecdotes et digressions biologiques à l'appui.

Nous déjeunâmes dans le parc, à l'ombre tiède d'un cèdre que le vent, un rien levé, cherchait vainement à dépeigner. La table était une longue dalle funéraire, prise au sol d'une abbaye voisine abandonnée, nous mangeâmes de bon appétit sur le ventre d'un sévère abbé, gravé raide.

Le soir venu, nous n'avions pas encore atteint le second étage où, à entendre M. de la Tibaldière brusquement survolté à cette évocation, se trouvaient les joyaux de sa col-

* Sorte de sangliers sauvages des savanes africaines. Les onagres sont des ânes sauvages d'Inde et d'Iran. *(N.d.l'É.)*

lection : cœlacanthes, grands sauriens * de Bornéo et autres survivants des époques antédiluviennes.

Aussi dînai-je encore à Guernipin, mais je réussis à échapper à la conférence, après le repas.

Connaissant les lieux, je montai seul me coucher, gardant cette fois la lampe. Et, redoutant un nouveau réveil sur la terrasse, si je laissais ouverte la porte qui donnait sur le couloir, je fermai solidement celle de la tour afin que semblable mésaventure ne m'arrivât pas à nouveau.

Me couchant, je commençai un livre ; mais, dès la troisième page, il me tomba des mains. Je soufflai la lampe et le sommeil me vint.

Cette fois la chaleur ne me tourmenta point, au contraire ! Je fus mêlé à un rêve d'abord léger... Je visitais seul Guernipin, découvrant par moi-même des salles nouvelles et étonnantes de variété... Je pouvais enfin toucher et prendre à ma guise, dans mes bras, des oiseaux au plumage doux et caressant... Oiseaux mystérieux, de formes inconnues qui, à mon contact, s'animaient et palpitaient... Ils étaient bientôt si nombreux autour de moi qu'en me heurtant ils parvenaient à me pousser et à me guider vers la liberté du parc où ils continuaient à m'entourer, silencieusement agissants...

M. de la Tibaldière apparaissait alors au perron et, indigné, me criait de revenir avant que ne s'échappent à jamais les plus secrètes pièces de sa volière... La colère étranglait

* Variété de reptiles comprenant les lézards. Les cœlacanthes appartiennent à une famille de poissons dont une espèce fut d'abord connue par ses fossiles. *(N.d.l'É.)*

ses cris au point de les faire ressembler à ceux d'un crapaud-buffle... Mais, ne l'écoutant point, je m'enfuyais soudain, cœur de cette grappe d'oiseaux rendus à la liberté auxquels j'obéissais, qui m'entraînaient à perdre haleine... Je courais ainsi jusqu'à ressentir une violente oppression... Essoufflé, je me sentais peu à peu entravé dans ma course par des forces visqueuses qui me réveillèrent soudain.

Il m'est impossible de décrire aujourd'hui la violente répulsion que j'éprouvai en subissant réellement cette froide viscosité.

Brutalement, je revins à la réalité, les jambes dans la boue gluante.

Où était le lit sur lequel je croyais dormir ? Où était Guernipin ? Où me trouvais-je ?

Maintenu par une monstrueuse ventouse qui m'aspirait lentement, je m'enlisais dans un infect marécage nauséeux.

Mes mains, mes bras cherchaient vainement un appui solide : racine ou branche, la vie... lorsque de subits mugissements, semblables à ceux d'un taureau irrité, brisèrent mes élans.

Venant du marais où je m'enfonçais, ils creusaient bruyamment la nuit.

Malgré mon effroi, j'identifiai les appels d'un héron. Seulement, au lieu d'être réguliers dans leurs trois notes consécutives, ses cris étaient de plus en plus désordonnés.

Je l'aperçus enfin. Il s'ébattait violemment non loin de moi.

Alors, fulgurants, les propos de Sylvain me revinrent : je pensai au Hupeur. Et s'il existait vraiment ! Ce ne pouvait être que lui, s'esclaffant à juste raison de sa ridicule et pitoyable victime. Je me trouvais donc dans le Gobe-Boeuf !

Cependant, je remarquai qu'il sautillait comme si la vase cherchait également à le saisir pour l'engloutir.

En me voyant reprendre mes efforts pour fuir cette boue qui gagnait peu à peu sur moi, il redoubla ses cris, à croire qu'il voulait m'en fouetter afin de m'aider à échapper à l'enlisement.

Je réussis enfin à atteindre une proche nappe d'herbes et, me dégageant de la terre gloutonne, y rampai.

Le héron s'était rapproché de moi et me soutenait par ses ébats.

Ainsi m'aida-t-il à parvenir jusqu'au sol dur d'un chemin caillouté.

Et si, épuisé, je ne m'abandonnai pas là, je le dus encore à cet oiseau providentiel qui, me donnant des coups de bec, m'obligea à me lever pour repartir sans tarder vers Guernipin que j'apercevais, massif et rassurant, à portée d'espoir.

C'est alors que je sentis cette invisible force hostile qui me lia d'épouvante.

J'éprouvais la terrifiante sensation qu'une immense mais impalpable aile unique volait autour de moi, agile telle une raie de néant dans l'océan de la nuit. Réalité immatérielle qui me poussait avec une impitoyable constance afin de me ramener dans le marais.

Sans les cris désespérés du héron qui se livrait à un affolement paroxystique afin de venir une fois encore à mon secours, en me forçant à fuir, j'avoue que je n'aurais pas lutté contre cette Chose qui parvenait à me reprendre et à m'entraîner avec elle.

Et je compris ! Je compris que le Hupeur, fût-il hibou, corneille, héron ou n'importe quel oiseau qui se trouvait là et sentait cette mort volante, n'était ni une légende, ni un ennemi de l'homme, mais son protecteur... Qu'il l'avertissait de l'indicible danger perçu par lui... Que ses cris, loin d'être des appels maudits, étaient sa mise en garde : épouvanté lui-même, il hurlait contre la peur et non pour elle !...

Le marais de Gobe-Boeuf, favorable antre putride, gardait encore, après des millénaires, un invisible monstre goulu, survivant de ces temps où les puissances néfastes régnaient sous les formes les plus subtiles !

Je crus alors voir passer deux lueurs glauques et fugaces.

...Un éblouissement, reflet de mon effroi ?

Non... des yeux !

Hurlant de dégoût, je réussis à m'arracher à cette horreur qui m'avait choisi et était déjà venue vainement me chercher une première fois, la nuit passée, dans mon sommeil, jusque sur le lit de Guernipin.

À son lever, M. de la Tibaldière, déjà impatient de me faire visiter l'étage aux ancêtres préhistoriques, dut ordonner à Sylvain de monter me réveiller.

Mais celui-ci, à part des traces de boue laissées partout, ne trouva de moi que ce billet qui restera sans doute énigmatique à tous :

...N'abattez jamais le Hupeur...

ÎLE DE FRANCE

LE PAUVRE BOUGRE ET LE BON GÉNIE

*Nos lutins sont de bonne compagnie, semble-t-il, car non contents d'enchanter nos nuits, ils fascinent les ethnologues et inspirent les écrivains. Décidément, ces petites créatures ont bien de l'esprit ! Anatole Le Braz, Emile Souvestre, George Sand, Claude Seignolle, Robert Stevenson et tant d'autres s'y sont laissés prendre. Rien ne les arrête, même pas l'humour grinçant d'Alphonse Allais qui nous en livre une interprétation à proprement parler... fumiste * !*

Il y avait une fois un pauvre Bougre... Tout ce qu'il y avait de plus calamiteux en fait de pauvres Bougres.

Sans relâche ni trêve, la guigne, une guigne affreusement verdâtre, s'était acharnée sur lui, une de ces guignes comme on n'en compte pas trois dans le siècle le plus fertile en guignes.

Ce matin-là, il avait réuni les sommes éparses dans les poches de son gilet.

* Rappelons qu'Alphonse Allais (1854-1905) fut le fondateur du courant "fumiste", un mélange décapant de sérieux et de farce, en réaction contre le réalisme et le naturalisme. *(N.d.l'É.)*

Le tout constituait un capital de 1,90 F (un franc quatre-vingt-dix).

C'était la vie aujourd'hui. Mais demain ? Pauvre Bougre !

Alors, ayant passé un peu d'encre sur les blanches coutures de sa redingote, il sortit, dans la fallacieuse espérance de *trouver de l'ouvrage.*

Cette redingote, jadis noire, avait été peu à peu transformée par le Temps, ce grand teinturier, en redingote verte, et le pauvre Bougre, de la meilleure foi du monde, disait maintenant : *Ma redingote verte.*

Son chapeau, qui lui aussi avait été noir, était devenu rouge (apparente contradiction des choses de la Nature !).

Cette redingote verte et ce chapeau rouge se faisaient habilement valoir.

Ainsi rapprochés complémentairement, le vert était plus vert, le rouge plus rouge, et, aux yeux de bien des gens, le pauvre Bougre passait pour un original chromomaniaque.

Toute la journée du pauvre Bougre se passa en chasses folles, en escaliers mille fois montés et descendus, en antichambres longuement hantées, en courses qui n'en finiront jamais. Et tout cela pour pas le moindre résultat.

Pauvre Bougre !

Afin d'économiser son temps et son argent, il n'avait pas déjeuné !

(Ne vous apitoyez pas, c'était son habitude.)

Sur les six heures, n'en pouvant plus, le pauvre Bougre s'affala devant un guéridon de mastroquet des boulevards extérieurs.

Un bon caboulot qu'il connaissait bien, où pour quatre sous on a la meilleure absinthe du quartier.

Pour quatre sous, pouvoir *se coller un peu de paradis dans la peau*, comme disait feu Scribe *, ô joie pour les pauvres Bougres !

Le nôtre avait à peine trempé ses lèvres dans le béatifiant liquide, qu'un étranger vint s'asseoir à la table voisine.

Le nouveau venu, d'une beauté surhumaine, contemplait avec une bienveillance infinie le pauvre Bougre en train d'engourdir sa peine à petites gorgées.

– Tu ne parais pas heureux, pauvre Bougre ? fit l'étranger d'une voix si douce qu'elle semblait une musique d'anges.

– Oh ! non... pas des tas !

– Tu me plais beaucoup, pauvre Bougre, et je veux faire ta félicité. Je suis un bon Génie. Parle... Que te faut-il pour être parfaitement heureux ?

– Je ne souhaiterais qu'une chose, bon Génie, c'est d'être assuré d'avoir cent sous par jour jusqu'à la fin de mon existence.

– Tu n'es vraiment pas exigeant, pauvre Bougre ! Aussi ton souhait va-t-il être immédiatement exaucé.

Être assuré de cent sous par jour ! Le pauvre Bougre rayonnait.

* Auteur français de comédies et de vaudevilles, Eugène Scribe (1791-1861) était effectivement décédé au moment où parut le récit d'Alphonse Allais, en 1885. *(N.d.l'É.)*

Le bon Génie continua :

– Seulement, comme j'ai autre chose à faire que de t'apporter tes cent sous tous les matins et que je connais le compte exact de ton existence, je vais te donner tout ça... en bloc !

Tout ça en bloc !

Apercevez-vous d'ici la tête du pauvre Bougre !

Tout ça en bloc !

Non seulement il était assuré de cent sous par jour, mais dès maintenant il allait toucher tout ça... en bloc !

Le bon Génie avait terminé son calcul mental.

– Tiens, voilà ton compte, pauvre Bougre !

Et il allongea sur la table 7,50 F (sept francs cinquante).

Le pauvre Bougre, à son tour, calcula le laps que représentait cette somme.

Un jour et demi !

N'avoir plus qu'un jour et demi à vivre ! Pauvre Bougre !

– Bah ! murmura-t-il, j'en ai vu bien d'autres.

Et, prenant gaiement son parti, il alla manger ses 7,50 F avec des danseuses.

"Un bon génie", par T. H. Thomas, 1880.

NORD

LA MARMITE DU DIABLE

Associé aux cultes de la terre et du feu, le monde souterrain a donné naissance à un important folklore minier et métallurgique. Il appartient aux dieux de révéler l'emplacement des mines ou d'enseigner aux humains l'exploitation de leur contenu ; mais ceux-ci ne livrent pas facilement leurs secrets et exigent une contre-partie. Dans certaines tribus d'Afrique, l'ouverture d'une mine se fait de la façon suivante : le chef, entouré d'un prêtre et des ouvriers, récite une prière aux "esprits du cuivre" ancestraux qui règnent sur la mine.

Lorsque les forgerons firent leur apparition en Grèce, les hommes en firent des génies : les Dactyles (du grec dactylé : qui a la forme d'un doigt) auxquels on attribue l'invention des rythmes musicaux, provenant du martèlement de la forge. Avec la christianisation, ces esprits furent quelquefois sanctifiés. Saint-Péra, dit-on, le patron des mines, inventa la fusion des métaux ; une légende, recueillie à Liège au XVI*e siècle raconte qu'un ange est apparu sous la forme d'un vénérable vieillard pour montrer la bouche d'une galerie à un forgeron qui avait jusqu'alors alimenté son fourneau avec du bois. Mais* *ils furent surtout transformés en suppôts de Satan, qu'ils aident à alimenter le feu de l'enfer. Propriétaires primordiaux des lieux, redoutables ou conciliants, les nains des mines sont porteurs de toute l'ambiguïté de leur longue histoire.*

Érudit et fin connaisseur de traditions populaires, Charles Deulin (1827-1877) associe sur le mode humoristique le thème minier et celui du voyage dans l'Autre-Monde.

*Bien que d'apparence diabolique * et soumis à Satan (soumission contrainte ?), ils annoncent la chute de ce dernier, l'avènement de l'homme et fournissent au pauvre Cacheux d'utiles indices. Quelques coups de griffes à la Justice, avec laquelle Deulin eut maille à partir, et voilà une histoire qui finit bien. Elle nous apprend, enfin, d'où vient la prospérité du monde.*

Au temps jadis, il n'y avait, sur la route de Valenciennes à Condé, qu'un seul village, ou plutôt un hameau, le hameau d'Escaupont. Tout le reste du pays était couvert par l'immense forêt charbonnière qui appartenait aux seigneurs, et, bien que le bois mort n'y manquât point, les pauvres gens soufflaient souvent dans leurs doigts, quand hurlait le vent de bise.

En ce temps-là vivait à Escaupont un marissiau, ou maréchal-ferrant, qui avait nom Jean Hullos, mais qu'on appelait communément le Cacheux, ce qui selon les uns, veut dire le chasseur, à cause qu'il aimait beaucoup à bra-

* Leur sauvagerie est marquée par leur nudité et leur caractère démoniaque par leur pilosité. À sa naissance Merlin, qui est né d'une femme et d'un démon, était velu. *(N.d.l'É.)*

conner, et, selon d'autres, le chercheur, parce qu'il avait toujours l'air de chercher quelque chose.

Or, un soir d'hiver que le Cacheux rôdait par la forêt, sur le mont d'Anzin, il avisa, au loin, une lumière rougeâtre qui brillait à travers les arbres.

Jean se dirigea de ce côté, car il gelait fort ce soir-là, et les dents lui claquaient comme le bec des cigognes.

Il arriva bientôt devant une hutte, regarda au travers de la porte et vit un grand feu qui flambait dans l'âtre.

On eût dit qu'il y avait dix lampes allumées, tant ce feu était clair et brillant, et, pourtant, il ne semblait fait ni de bois, ni de tourbe, ni de paille, ni de feuilles sèches, mais bien de grosses pierres noires, qui brûlaient comme des tiges de colza.

Trois hommes, trois nains, tout noirs des pieds à la tête, étaient accroupis autour du foyer.

Un autre, à la place de Jean, se serait enfui bien vite, mais le marissiau avait la poigne comme son étau et ne craignait ni vent ni orage. Il était seulement étonné et pensait que ces pierres lui viendraient bien à point, à lui, qui, souvent, avait tant de peine à chauffer le gros fer.

Il tira sa pipe et, entrouvrant la porte, il dit, selon l'usage :

– Peut-on l'allumer, nos gens ?

L'un des trois nains lui fit signe d'entrer et, tout en bourrant sa boraine *, Jean put observer ses hôtes.

Ils étaient complètement nus et velus comme des ours.

– Qu'est-ce que vous brûlez donc là, nos maîtres, sans être trop curieux, demanda Jean Hullos.

* Pipe. (*N.d.l'A.*)

Les nains se mirent à ricaner et à grimacer, après quoi, le premier dit aux autres, en désignant le sol :

– Si on le savait, qu'il y a là-dessous, au fin fond du tréfonds, des trésors plus précieux que l'or et les diamants !

Puis il ajouta :

– Quand le chat n'y est pas, les souris dansent !

Et il fit une grimace, accompagnée d'un ricanement.

– Si on le savait, dit le second, qu'un jour les entrailles de la terre brûleront au soleil, les voitures marcheront sans chevaux, les vaisseaux vogueront sans voiles et les lampes brilleront sans huile !

Puis il ajouta :

– Quand le soleil est couché, toutes bêtes sont à l'ombre.

Et, comme son voisin, il couronna sa phrase par une grimace et par un ricanement.

– Si on le savait, dit le troisième en faisant les cornes, que, quand les hommes pilleront ses provisions, petit à petit, son règne finira dans le monde et qu'un jour, peut-être, sa marmite sera renversée.

– Qui ça ? De qui parlez-vous ? s'écria Jean.

Mais soudain retentit un coup de sifflet qui paraissait venir du tréfonds. Les trois nains se levèrent, rapides comme des écureuils, et disparurent par un grand trou que le Cacheux n'avait point remarqué.

– Nom d'une pipe ! J'en aurai le cœur net ! dit-il, et il s'élança derrière eux, dans un puits sans fond.

Jean Hullos descendit par une échelle assez roide et, au bout d'une heure, il arriva dans une sorte de cave ronde, d'où partaient de longues galeries basses, comme les raies d'une roue partent du moyeu.

Des lumières innombrables allaient et venaient dans ces galeries. Le Cacheux reconnut que c'étaient autant de nains qui, le front éclairé par des langues de feu, s'occupaient à une besogne étrange.

"Les gnomes de la mine" in T. Keightley,
The Fairy Mythology, *G. Bell, London, 1878.*

Les uns, accroupis ou couchés sur le flanc, enlevaient à coups de pic d'énormes blocs de pierre noire ; d'autres les chargeaient sur de petits chariots, que d'autres enfin traînaient par les galeries. Ils remplissaient leur tâche avec une adresse et une agilité incomparables, riant, criant, gesticulant et gambadant comme une troupe de singes.

- Que faites-vous donc là, mes gars ? leur demanda Jean Hullos.

- Ah ! si on le savait, dit l'un d'eux, que c'est ici qu'on lui fournit de quoi les faire cuire !

- Qui ?... mais qui donc ? s'écria le Cacheux.

- Ah ! si on le savait ! si on le savait ! reprirent en chœur ses compagnons.

- Nom d'une pipe ! On le saura ! fit-il.

Et il enfila une des galeries, à la suite de quelques petits chariots.

La galerie débouchait sur une vaste plaine, où s'élevaient encore d'énormes tas de pierres noires.

Près de là coulait un fleuve aux eaux jaunes et vertes, que traversaient de larges barques toutes chargées de ces pierres.

Jean grimpa sur un des tas pour voir de plus loin et, de l'autre côté du fleuve, il aperçut, à travers un épais nuage de fumée, une immense chaudière, où il lui parut – spectacle épouvantable ! – qu'on mettait à bouillir des hommes semblables à lui.

- Il va se faire arder *! Il va se faire arder ! crièrent les nains, et ils le forcèrent à descendre.

Alors retentit un second coup de sifflet, qui se répéta de galeries en galeries. Tous les ouvriers jetèrent leurs outils, s'assirent en rond et chargèrent leurs pipes. Jean comprit que c'était l'heure du repos et fit tabac avec eux.

On apporta de grands bocks de bière écumante. Les noirs ouvriers en offrirent à leur hôte. Un vrai Flamand ne

* Brûler. *(N.d.l'A.)*

refuse jamais un verre de bière, fût-il offert par le diable en personne : Hullos accepta sans barguigner.

– À votre santé, nos maîtres ! dit-il, et il vida son verre.

Il ne craignait qu'une chose, c'est que la bière n'eût un goût de brûlé ! Elle était, au contraire, fraîche et piquante, aussi bonne que la bière d'Escaupont.

Cela fit que Jean vida tant et tant de fois son verre qu'il but trop d'un coup et s'endormit.

Était-ce l'effet du houblon ou de quelque autre cause ? Le Cacheux eut un rêve, et ce fut un rêve bien extraordinaire.

Devant lui bouillait la grande marmite, et sur elle était penché un géant cornu ayant le mufle d'un bouc, les yeux d'un chat-huant et les ailes d'une immense chauve-souris.

Armé d'une longue cuiller, le géant ailé touillait la marmite, lorsque lui, Jean Hullos, s'approcha, intrépidement et, avec le seau de sa forge, arrosa les pierres noires qui brûlaient au-dessous.

Elles s'éteignirent en fumant, mais le géant saisit un énorme soufflet et souffla le feu avec rage.

Puis l'infernal cuisinier et sa marmite s'effacèrent peu à peu, et Jean ne vit plus que deux yeux qui brillaient dans l'ombre, pareils aux fours d'une verrerie.

Alors il ouït une voix qui disait :

– Pas encore ! Pas encore ! On ne touche pas encore à la marmite !

Il lui sembla qu'on l'enfermait dans un cercueil de plomb et qu'il s'y endormait d'un sommeil de plomb, pour toute l'éternité.

Quand le Cacheux se réveilla, il se retrouva dans la forêt.

La lune pâlissait et le jour commençait à poindre, mais les oiseaux ne chantaient pas, vu qu'on était en hiver. Il regarda autour de lui, se frotta les yeux et chercha à mettre de l'ordre dans sa tête.

– Drôle de rêve ! dit-il en s'étirant. je me sens tout rompu. Mais quelle idée aussi de dormir au soleil des bécasses, par un froid à geler un boudin sur le gril ! Brrr ! La Jeanne doit être inquiète !

Il se leva pour regagner son logis. Chose singulière ! il ne reconnaissait point l'endroit où il se trouvait : là où la veille s'épaississaient des fourrés, il voyait maintenant des clairières, et la forêt lui semblait, en général, beaucoup moins drue.

Ne comprenant rien à ces changements, il s'orienta comme il l'eût fait en pays étranger et descendit la montagne d'un pas pénible et mal assuré.

Au bout d'une demi-heure, il rencontra un village. Cela le surprit de plus en plus, car Escaupont, comme chacun sait, est situé à une heure du mont d'Anzin.

Il vit venir, de loin, un berger avec ses moutons.

Le Cacheux connaissait tous les bergers d'alentour. Il ne reconnut point celui-là.

– Comment appelez-vous cet endroit ? lui demanda-t-il.

– Ici, mon vieux père, c'est Bruai, lui répondit le berger dans un jargon qui ne semblait pas tout à fait celui du pays.

Jean ne s'expliquait pas non plus pourquoi cet homme l'appelait "vieux père", lui qui n'avait point encore trente ans.

– Il me semblait bien, reprit-il, que ce n'était pas Escaupont.

– Escaupont est le clocher que vous apercevez tout là-bas, à une demi-lieue.

Le Cacheux marcha encore et parvint à Escaupont.

Il ne reconnut pas une seule des maisons du village, à l'exception de l'église, qui était toute crevassée et s'en allait en ruines. On en bâtissait une autre, plus grande, à côté.

– Est-ce que mon rêve serait déjà réalisé ? se disait-il. Mais les voitures qu'il avait rencontrées ne marchaient pas sans cheval, et il ne voyait nulle part les pierres noires qu'il avait vues flamber au fond de la terre.

Il arriva à sa chaumière, ou plutôt à l'endroit qu'elle occupait : à sa place s'élevait une jolie maisonnette, ombragée par un chêne.

Il se rappela que, six ans auparavant, lors de la naissance de sa fille, il avait planté un gland dans son courtil. Par un phénomène incompréhensible, en six mois, le gland était devenu un chêne énorme.

Jean Hullos ne savait s'il rêvait, ni s'il avait rêvé, s'il revenait du fond de la terre, et si, réellement, il avait eu affaire à Satan en personne.

Il entra dans la maisonnette et vit une femme qui tenait un enfant dans ses bras ; mais ce n'étaient ni sa femme ni sa fille.

– Que demandez-vous, l'homme de Dieu ? Nous n'avons rien à donner, dit la jeune femme.

– Je ne demande mie l'aumône, je demande Jeanne.

– Quelle Jeanne ?

– Jeanne du Cacheux, autrement dit Jean Hullos.

– Je n'ai jamais ouï prononcer ces noms-là.

– C'est pourtant bien ici, Escaupont.

– Ici même.

Jean se laissa choir sur une chaise en riant.

– Ah ! c'est certain, je deviens fou !

À ce cri, la femme eut peur.

– Allons, sortez, lui dit-elle, vous n'êtes mie déjà si plaisant avec votre barbe d'une aune : vous avez tout l'air du Juif errant.

Jean porta la main à son menton et s'aperçut que, en effet, il avait une longue barbe blanche. Un miroulet, ou petit miroir, était accroché à la cheminée : il s'y regarda et poussa un cri de désespoir. Il prit l'almanach, y jeta un coup d'œil et retomba sur sa chaise, évanoui.

Le malheureux venait de reconnaître qu'il avait vieilli de cent ans en une nuit.

La femme alla dire à ses voisines que le Juif errant était dans sa maison. Les voisines accoururent.

Cependant, le Cacheux revenait à lui. Il mit sa tête dans ses mains et resta là, comme un homme anéanti.

– D'où êtes-vous ? lui demandèrent les femmes.

– D'Escaupont.

– Y a-t-il longtemps que vous en êtes sorti ?

– Une nuit, et le village et moi nous avons vieilli de cent ans.

– Qu'avez-vous fait durant cette nuit-là ?

– Je suis allé au fond de la terre.

– Au fond de la terre ! Et qu'y avez-vous vu ?

– La marmite du diable.

– C'est donc un sorcier ! fit une voix.

À ces mots, les femmes s'écartèrent. La curiosité fit place à la crainte, et bientôt à la fureur.

– Au sorcier ! Au sorcier !...

Ce cri attroupa tout le village.

Le mayeur * vint, comme les autres, et il eut beaucoup de peine à tirer le vieillard des mains de la foule, qui voulait le lapider. Il le conduisit lui-même à Valenciennes, sous l'escorte du garde champêtre.

Hullos fut enfermé dans la prison pour être jugé le lendemain ; mais il advint que, ce jour-là, le grand prévôt mourut subitement : le procès fut remis à huitaine.

Quand le marissiau parut devant le tribunal, le pauvre vieux était si courbé par l'âge et la souffrance qu'il n'avait point la force de lever la tête.

– Est-il vrai que vous soyez allé au fond de la terre et que vous avez vu la marmite du diable ? lui demanda le nouveau juge.

– Cela est vrai, répondit le Cacheux.

– Et qu'y avez-vous vu encore ?

– Des trésors plus précieux que l'or et les diamants.

– Quels sont ces trésors ?

– Des pierres qui brûlent et qui feront qu'un jour les voitures marcheront sans chevaux, les vaisseaux vogueront sans voiles et les lampes éclaireront sans huile.

– Il n'y a que la magie pour opérer de pareils prodiges. Cet homme est un sorcier !

Le juge prononça ces paroles avec un tel accent de haine que Jean leva les yeux.

Le grand prévôt ressemblait, trait par trait, sauf la taille, à l'effrayant personnage que Hullos avait vu sous la terre ; seulement, il avait caché ses cornes sous son bonnet, ses

* Maire. *(N.d.l'A.)*

ailes de chauve-souris sous sa robe, son mufle sous une barbe touffue, et ses yeux de chat-huant sous des lunettes.

Les regards du juge et de l'accusé se croisèrent. Les yeux du juge se dilatèrent comme s'il avait fait nuit. À l'aspect de ses deux flammes, le Cacheux sentit qu'il était perdu.

Le prévôt parla ensuite quelque temps. De tout son discours, Jean n'ouït que ces mots :

– Qu'on mène demain cet homme au supplice !

Et Jean fut reconduit en prison, au milieu des imprécations de la foule.

Le lendemain on vint le prendre pour le mener au bûcher sur la Grand'Place.

C'était un samedi, jour de marché : il y avait beaucoup de paysannes des environs qui vendaient du beurre et des œufs, et qui buvaient de la blanche bière dans les cabarets.

Jean parut, la corde au cou et se traînant à peine. Jamais on n'avait vu un si vieil homme marcher au supplice, et les femmes ne pouvaient se tenir de le plaindre.

Quant à lui, il était résigné. Après tout ce qu'il avait souffert depuis le soir où sa fatale curiosité l'avait conduit au fond de la terre, il aimait autant mourir que vivre.

Pourtant, ce n'était point sans amertume qu'il envisageait son sort. Il tenait en ses mains un secret qui pouvait faire le bonheur du monde, et ce secret, il l'emportait avec lui !

Tout à coup, parmi la foule rangée sur son passage, il aperçut une jeune paysanne qui allaitait un enfant.

L'infortuné jeta un cri :

– Jeanne, ma chère Jeanne !

Et, avant qu'on eût pu l'arrêter, il courut la prendre dans ses bras.

Il couvrait de baisers la mère et l'enfant, et ses larmes coulaient le long de sa barbe blanche. La mère et l'enfant ressemblaient si bien à sa femme et à sa fille que Jean oubliait que toutes deux devaient être mortes depuis longtemps.

La jeune paysanne se sentait prise de pitié pour le vieillard et se laissait embrasser en pleurant elle-même.

– Te souviens-tu de Jean Hullos, Jean le Cacheux ? lui dit-il.

– Jean le Cacheux, j'ai souvent ouï ma grand-mère prononcer ce nom, qui était celui de mon grand-père.

– C'est moi, moi qui suis Jean le Cacheux !

Une vieille femme de plus de quatre-vingts ans s'approcha alors.

– Si vous vous appelez Jean Hullos, autrement dit Jean le Cacheux, je suis votre petite-fille, et celle-ci est la fille de votre arrière-petite-fille.

Et la foule cria : “Miracle !” car jamais on ne vit une si merveilleuse ressemblance que celle des deux vieillards.

Jean pressa sa petite-fille sur son cœur.

– Tu es donc, disait-il, l'enfant de ma pauvre Jeannette, que j'ai laissée au sein de sa mère. Hélas ! où est-elle ma jolic petite fille ?

– Elle est morte, il y a vingt ans. Elle en avait quatre-vingts.

Tout le monde pleurait en écoutant ces paroles.

– D'où vient que vous n'habitez plus Escaupont ? reprit Jean Hullos.

– Ma grand-mère m'a souvent conté qu'après que mon grand-père eut disparu, elle avait quitté son village pour aller s'établir à Aulnoy, de l'autre côté de Valenciennes.

- Au bûcher ! cria une voix, la voix du juge.

Mais les femmes avaient pris parti pour le condamné, et elles se prirent à parler toutes à la fois.

- Ce n'est mie un sorcier ! c'est Jean le Cacheux, le grand-père de la Jeanneton, et on nous tuera plutôt que de le faire mourir !

- Ce vieux sait la place où sont enfouis des trésors, disaient les hommes de leur côté.

Et ils le délivrèrent des mains de ses gardes.

- Écoutez-moi, braves gens, dit alors Jean Hullos, et vous ne mourrez plus de froid durant l'hiver. Sous le mont d'Anzin gisent d'énormes tas de pierres noires qui brûlent comme les tiges de colza. Un jour viendra où, grâce à ces pierres, les voitures marcheront sans chevaux, les vaisseaux vogueront sans voiles et les hommes vivront en joie et en prospérité.

- Et tu voulais, juge maudit, nous priver de tous ces bienfaits ! Au bûcher, le juge ! au bûcher, le scélérat !

Et la foule saisit le grand prévôt, le garrotta, le fit monter sur le bûcher et y mit le feu.

Mais voilà que soudain le jour s'obscurcit, une épaisse nuée descendit sur la flamme, et on vit le juge se transformer en une gigantesque chauve-souris qui prit son vol, plana quelque temps au-dessus de la ville, s'abattit sur le beffroi, y jeta trois cris sinistres et fila droit vers le mont d'Anzin.

Le lendemain, une vingtaine d'hommes résolus, guidés par Hullos, se rendirent, avec pics et pioches, au mont d'Anzin.

Ils n'y trouvèrent ni hutte, ni trou, ni échelle ; mais ils creusèrent à l'endroit que Jean leur indiqua et découvrirent le charbon de terre, qu'ils appelèrent houille, du nom de Hullos.

Ils y creusèrent un puits et amenèrent par là au soleil les entrailles du globe.

Le diable, pour se venger, allume quelquefois dans les mines de houille un feu qu'on nomme le feu grisou ; mais il a beau faire, les ouvriers continuent de piller intrépidement ses provisions et d'en tirer la joie et la prospérité du monde.

DEUXIÈME PARTIE

CONTES DES PAYS DU MONDE

"Le cercle magique", par T. H. Thomas, 1880.

PAYS DE GALLES
(Royaume-Uni)

LE CERCLE ENCHANTÉ

*On croyait au Pays de Galles, et dans bien d'autres pays d'Europe, que les êtres féeriques traçaient des cercles magiques en dansant au clair de lune ; toutes les énergies de la Nature se condensaient dans ces lieux de passage vers l'Autre Monde. Il était recommandé de les éviter car, si l'on y mettait le pied, on risquait de devenir invisible et de disparaître pendant un an et un jour, si ce n'est pour toujours *.*

Le jeune berger gallois aurait aimé y rester, lui, dans l'Autre Monde, aux allures nettement plus paradisiaques qu'infernales. C'était sans compter sur l'incorrigible curiosité humaine.

Par une belle matinée de juin, un jeune berger gardait son troupeau dans les petites montagnes nommées Frennifach. Levant les yeux vers le sommet du Frennifach pour savoir de quel côté se dirigeait le brouillard – car, si le brouillard flottait sur le versant tourné vers le Pembroke,

* Cf. le récit breton "Les Kérions ou les Korigans", où il est dit que marcher sur leur cercle porte malheur. *(N.d.l'É.)*

il ferait beau, tandis que s'il l'était vers le Cardigan, il y aurait de la tempête – il aperçut le Petit Peuple, sous l'apparence de petits soldats dansant en rond. Attiré par cette farandole, il s'en approcha : une gaie compagnie de mâles et de femelles dansait au son de la harpe. Jamais il n'avait vu de créatures aussi belles et enjouées. Elles l'invitèrent à les rejoindre avec des visages souriants, tout en se penchant, presque au point de tomber, et en tourbillonnant main dans la main. Ceux qui dansaient ne s'écartaient jamais du cercle parfait ; cependant quelques-uns escaladaient le vieux cromlech * tandis que d'autres se pourchassaient avec une rapidité surprenante dans la plus grande jubilation. D'autres encore chevauchaient de petits chevaux blancs de la plus belle allure ; ces cavaliers étaient de petites dames dont les robes étaient indescriptiblement élégantes et de couleurs variées surpassant l'éclat du soleil ; certaines étaient d'une blancheur éclatante et d'autres du rouge le plus vif **. Les mâles portaient des képis triplement galonnés de rouge et les femelles une fantastique coiffe lumineuse qui flottait au vent. Tout ceci se passait dans le silence car le berger ne pouvait ouïr les harpes bien qu'il les vît. Il se rapprocha alors du cercle et s'aventura finalement à y mettre un pied. À l'instant où il le fit, ses oreilles furent charmées par les sons de la plus mélodieuse musique qu'il eût jamais entendue. Transporté par cette séduisante harmo-

* Monument mégalithique formé d'un cercle de pierres levées, les menhirs. *(N.d.l'É.)*

** Le blanc et le rouge étaient les couleurs de l'Autre Monde dans les légendes celtiques. *(N.d.l'É.)*

nie, il pénétra complètement dans le cercle magique. Il n'y était pas plutôt entré qu'il se retrouva dans un palais scintillant d'or et de perles. La beauté sous toutes ses formes l'environna et tous les plaisirs s'offrirent à lui. Il était libre d'aller où il voulait et chacun de ses mouvements étaient accompagnés par de jeunes femmes de la plus grande beauté. Et aucune langue ne peut dire à quel point il profita de ces joyeuses fêtes. Au lieu du *tatws-a-llaeth* (pommes de terre et babeurre) auquel il était habitué jusqu'ici, on lui servit des volailles et des viandes de choix sur des plats d'argent. Au lieu de la *cwrw*, bière brassée à la maison, on lui offrit des vins rouges et jaunes merveilleusement délectables, dans des gobelets d'or incrustés de pierres précieuses. Les servantes étaient les plus belles des jeunes filles et tout était servi en abondance. Une seule interdiction restreignait sa liberté : il ne devait boire, en aucun cas, à un certain puits du jardin, dans lequel nageaient des poissons multicolores et même dorés. Chaque jour, de nouveaux plaisirs lui étaient proposés, de nouveaux spectacles magnifiques s'offraient à ses yeux, de nouveaux visages se présentaient à lui, plus beaux encore, si possible, que ceux qu'il avait vus auparavant. Tout était conçu pour le charmer ; mais un jour toute sa félicité s'évanouit en un seul instant. Possédant tous les plaisirs que pût désirer un mortel, il désira la seule chose interdite – comme Ève dans le jardin... La curiosité le conduisit à sa perte ; il plongea la main dans le puits : les poissons disparurent instantanément. Il porta l'eau à sa bouche : un cri confus traversa le jardin. Il la but : le palais et tout le reste s'évanouirent de sa vue et il se retrouva, frissonnant dans l'air nocturne, tout seul sur la montagne, à l'endroit même où il était entré dans le cercle.

"Enchantement", par T. H. Thomas, 1880.

LES ESPRITS MALFAISANTS

Un passage de la Genèse affirme que des anges maudits "virent que les filles des hommes étaient belles et ils en prirent pour femmes parmi toutes celles qui leur plurent". De cette luxure seraient nés les incubes (mâles) et les succubes (femelles) qui ne tardèrent pas à se multiplier. La théorie des incubes fut débattue pendant des siècles et totalement admise par certains théologiens comme saint Thomas d'Aquin. Brave, serviable et moralement irréprochable, Simon s'apparente, quoi qu'il en dise, davantage à un génie domestique qu'à un incube.

Dans ces contrées du Pembroke, de nos jours, des esprits malfaisants communiquent étroitement avec des êtres humains. Ils ne sont pas visibles, mais leur présence est très sensible. D'abord dans la maison de Stephen Wiriet, puis, plus récemment, dans celle de William Not, ces esprits ont pris l'habitude de se manifester, jetant des détritus à tort et à travers ; ils sont peut-être plus acharnés à déranger qu'à nuire vraiment. Dans la maison de William, ils furent une cause de tracas aussi bien pour les habitants que pour les hôtes dont ils déchiraient également les habits de lin et de laine et dans lesquels ils faisaient même des trous. Quelles que fussent les précautions prises, il semblait ne pas y avoir moyen de protéger les vêtements même si les portes étaient fermées au verrou et munies de barreaux. Dans la maison de Stephen les phénomènes étaient encore plus étranges car l'esprit avait l'habitude de se quereller avec les humains. Quand ceux-ci protestaient, ce qu'ils ne manquaient pas de faire, il leur reprochait publiquement tous les actes répréhensibles qu'ils avaient commis depuis le jour de leur naissance jusqu'à maintenant, ce dont ils n'avaient pas envie de parler et qu'ils auraient préféré garder secret.

Si vous me demandez la cause et l'explication d'un événement de cette sorte, je ne saurai quoi répondre si ce n'est qu'il a été souvent le présage, comme ils l'appellent, d'un soudain passage de la pauvreté à la richesse, ou le plus souvent de la richesse à la pauvreté et au désespoir, comme ce le fut dans ces deux cas. Ce qui me paraît le plus étonnant est que ces endroits ne peuvent être débarrassés d'apparitions de cette sorte ni par l'aspersion d'eau bénite, qui est d'un usage fréquent et peut être pratiqué abondamment, ni par quelque autre rite religieux. Au contraire, quand les prêtres arrivent, bien qu'avec dévotion et sous la protection du crucifix et de l'eau sacrée, ils sont les premiers à souffrir l'ignominie d'être bombardés d'ordures. Il semble donc que les sacrements et les objets leur appartenant nous protègent du mal réel mais non des insultes insignifiantes, des attaques, ni de nos propres imaginations.

...Une troisième apparition eut lieu dans la maison de Elidyr de Stackpole. Elle prit la forme d'un jeune homme roux * nommé Simon. Ce fut une complète incarnation car on pouvait le voir et le toucher. Il arracha les clefs de la maison des mains de celui qui en était chargé et prit les

* Le roux était, dans les traditions occidentales, assimilé aux flammes de l'enfer. C'est pourquoi on se méfiait des personnes rousses, censées porter malheur ou avoir des accointances diaboliques. *(N.d.l'É.)*

fonctions d'intendant avec beaucoup d'assurance. Il administra la maisonnée avec tant d'attention qu'il semblât qu'entre ses mains chaque chose prospérait et que rien ne manquait jamais. Elidyr et sa femme n'avaient qu'à penser à quelque chose qu'ils aimeraient avoir sur leur table ou dans leur vie quotidienne pour que Simon la leur procurât immédiatement sans même qu'ils lui aient demandé quoi que ce fût.

– Vous voulez ceci, disait-il, et justement je le possède.

Il savait tout de leurs finances familiales, et de l'argent qu'ils tentaient d'épargner, et il les sermonnait parfois. Chaque fois qu'ils avaient l'intention d'éviter une dépense particulière ou de faire quelque économie, il leur disait :

– Pourquoi craignez-vous de dépenser cet argent sur terre ? Vos jours sont comptés. L'argent que vous vous donnez tant de peine à conserver ne vous sera jamais d'aucune utilité. Il ira simplement aux autres.

Il aimait voir les laboureurs et les servantes manger et boire abondamment. Ils avaient acquis ces avantages à la sueur de leur front, disait-il, et il n'était que juste qu'ils pussent en profiter. Tout ce qui lui passait par la tête, que cela plût ou non à son maître et à sa maîtresse, il le mettait à exécution sur le champ, sans rencontrer d'opposition car, ainsi que je vous l'ai dit, il connaissait tous leurs secrets. Il n'allait jamais à l'église, et aucune parole chrétienne ne sortait jamais de sa bouche. Il ne dormait jamais dans la maison, mais revenait travailler chaque matin avec une étonnante ponctualité. Cependant, une nuit, il fut aperçu, par hasard, par un membre de cette famille, en train de converser avec ses comparses démons près du moulin à eau et de l'étang. Le lendemain matin il fut interrogé par son maître et sa maîtresse. Il fut renvoyé sur le champ et il rendit les clefs qu'il détenait depuis quarante jours ou plus. Quand il fut sur le départ, ils le questionnèrent précisément et lui demandèrent qui il était vraiment. Il répondit qu'il était né d'une simple femme de la paroisse, engrossée par un esprit incube qui lui était apparu sous la forme de son mari. Elle lui avait donné le nom de son père et celui de son beau-père qui était mort. Il révéla ainsi qui était sa mère. Celle-ci était toujours vivante. Ils l'interrogèrent avec soin à ce sujet et elle confirma que tout était vrai.

LA HAIE D'AJONCS ÉPINEUX

Les ajoncs épineux étaient couramment utilisés au Pays de Galles pour se protéger contre les êtres féeriques. On croyait, en effet, que ces derniers ne pouvaient franchir une haie formée par ces arbustes et on en plantait fréquemment autour des maisons. "Les familles se livraient parfois à ce rite : agenouillés dans le jardin, le père à l'ouest et derrière lui les membres de la famille par âge décroissant, de telle sorte que le plus jeune se trouvait à l'est, ils priaient les gorsts (ajoncs) de bien vouloir les protéger : la nuit, quand le bois craque, quand des centaines de petites pattes courent dans le grenier, quand des écharpes blanchâtres flottent au-dessus de l'étang, surtout resserrez-vous, gorsts, entremêlez bien vos épines. Ne laissez pas passer

Ceux et Celles qu'on ne nomme pas, à l'heure où ils se bousculent sur la lande pour venir rôder autour des lieux habités".*

Cette croyance populaire évoque la haie infranchissable que les druides pouvaient élever grâce à leur magie.

Un jour, il y a une trentaine d'années environ, madame Stanley se rendit dans une maison ancienne pour voir une vieille femme à laquelle elle avait coutume de rendre visite. C'était une misérable masure ; lorsqu'elle en ouvrit la porte, il y faisait si inhabituellement sombre qu'elle appela la vieille Betty Griffith ; n'obtenant aucune réponse, elle entra dans la pièce, éclairée à l'autre bout par une minuscule fenêtre, dont l'unique carreau ne donnait que peu de lumière. Quelques tisons incandescents luisaient faiblement dans le pauvre foyer, ce qui lui permit de voir l'alcôve où se trouvait normalement le lit. Elle fut étonnée de la trouver complètement obstruée par une barricade d'épais ajoncs, si étroitement entassés et serrés qu'on ne voyait plus aucun lit. Elle appela de nouveau Betty Griffith ; aucune réponse ne lui parvint. Elle jeta un coup d'œil tout autour de la misérable chambre ; le seule indice de vie était une plante du Juif Errant (*Saxifraga tricolor*) ainsi appelée par les pauvres gens qui l'appréciaient beaucoup pour orner leurs fenêtres. Elle était plantée dans un pot à thé ébréché, posé sur l'appui de la fenêtre et le long duquel elle faisait ramper de longues vrilles, avec ça et là de nouvelles pousses semblant trouver leur subsistance uniquement dans l'air.

* Extrait de Éloïse Mozzani, *Le Livre des Superstitions*, Laffont, 1995. *(N.d.l'É.)*

Tandis que madame Stanley se tenait là, frappée par la pauvreté de cette demeure, un faible soupir s'échappa de derrière les ajoncs. Elle s'approcha et dit :

– Betty, où êtes-vous ?

Betty reconnut aussitôt sa voix et se risqua à se retourner vers elle. Madame Stanley fit alors une petite ouverture dans la haie d'ajoncs, ce qui lui piqua fortement les doigts. Elle vit Betty dans son lit et lui demanda :

– Vous ne vous sentez pas bien ? Avez-vous froid pour être ainsi confinée ?

– Froid ? non ; il ne fait pas froid madame Stanley. C'est à cause des *Tylwyth Teg* * qui ne me laissent aucun répit ; ils me font des grimaces et essaient de s'approcher de moi.

– Vraiment ! Oh, comme j'aimerais les voir, Betty.

– Souhaiter les voir, c'est cela ? Oh, ne dites pas ça !

– Mais, Betty, ils doivent être si beaux et si bons.

– Bons ? Ils ne le sont pas.

La vieille femme s'anima de plus en plus et madame Stanley comprit qu'elle pourrait en apprendre d'elle plus encore sur les *Tylwyth Teg*, aussi lui dit-elle :

– Bon, je vais m'en aller ; ils ne viendront jamais si je reste ici.

La vieille Betty répliqua vivement :

– Non, ne partez pas. Vous ne devez pas me laisser seule. Je vous raconterai tout à leur sujet. Ah ! ils viennent et me harcèlent terriblement. Si je suis debout, ils s'as-

* Nom gallois le plus fréquent pour désigner les êtres féeriques, signifiant "Belle Famille". *(N.d.l'É.)*

soient sur la table ; ils font tourner mon lait et renversent mon thé. Ils ne me laissent pas plus en paix quand je suis dans mon lit mais m'encerclent et se moquent de moi.

– Mais Betty, dites-moi, à quoi servent tous ces ajoncs ? Vous avez dû avoir bien de la peine à les entasser de façon aussi serrée. N'est-ce pas pour tenir à distance les *Tylwyth Teg* ?

– Ils ne peuvent pas traverser cette haie qui les pique trop fortement et je peux alors prendre un peu de repos.

Aussi madame Stanley remit-elle en place les ajoncs et laissa-t-elle la vieille Betty Griffith heureuse de son stratagème pour se débarrasser des *Tylwyth Teg*.

ÉCOSSE
(Royaume-Uni)

L'ESPRIT DU GARDE-MANGER

Un ancien et vertueux moine vint rendre visite à son neveu qui était aubergiste. Après quelques discussions préalables, il lui demanda comment allaient ses affaires. L'hôte confessa que malgré toutes ses pratiques commerciales malhonnêtes et frauduleuses il demeurait toujours pauvre.

Le moine secoua la tête et demanda à voir son garde-manger.

Comme tous deux regardaient dedans, le moine rendit visible aux yeux de son hôte un immense gobelin dont la bedaine et toute l'apparence prouvaient qu'il était gorgé de nourriture ; néanmoins il ne cessait de s'empiffrer aux frais de l'aubergiste, vidant toutes les étagères de nourriture qu'il faisait descendre avec des barriques entières d'alcool.

– Tes vivres resteront exposés aux déprédations de ce visiteur tant que tu ne cesseras pas tes escroqueries et comptes falsifiés, lui dit son oncle.

Le moine revint un an plus tard. Comme il avait adopté une nouvelle conduite très chrétienne vis-à-vis de ses clients, les affaires de son neveu étaient maintenant devenues très prospères. Quand ils inspectèrent de nouveau le garde-manger, ils virent le même esprit, mais cruellement réduit en taille, qui essayait d'atteindre en vain les récipients et les bouteilles pleines qui se trouvaient autour de lui ; en bref, il mourait de faim, comme Tantale au milieu de l'abondance.

LES BROWNIES INSPIRATEURS

Originaires d'Écosse, ces petits génies familiers sont généralement attachés à une famille qui se les transmet comme un héritage. Protecteurs de la bière et du whisky, ce sont eux qui ont donné aux hommes la recette du petit gâteau aux pépites de chocolat qui porte leur nom et prend la jolie couleur brune de leurs vêtements. Ils ont la connaissance de l'avenir et inspirent les poètes et écrivains, comme en témoigne Robert Louis Stevenson :

Les brownies "font la moitié de mon travail pour moi, tandis que je dors et, selon toute probabilité, font aussi le reste, quand je suis bien réveillé et que je crois sottement le faire moi-même. L'ensemble de mes fictions publiées doit être le produit exclusif de quelques brownies, de quelques démons familiers, de quelques collaborateurs invisibles que je tiens enfermés dans un arrière-grenier, alors que je reçois toutes les louanges et eux une part seulement (que je puis les empêcher d'avoir) du gâteau."

[...] Ces petites créatures "sont en relations étroites avec le rêveur, cela ne fait pas de doute, elles partagent de toute évidence son éducation ; elles ont manifestement appris comme lui à construire le plan d'une histoire bien ficelée et à doser progressivement l'émotion ; je crois simplement qu'elles ont plus de talent ; en tout cas, une chose est indéniable, elles peuvent lui raconter une histoire morceau par morceau, comme un roman feuilleton, en le laissant constamment dans l'ignorance du dénouement. Qui sont-elles, alors ?

Et qui est le rêveur ?... Quant au rêveur, je puis répondre, car il n'est autre que moi-même. Quant aux petites créatures, que puis-je dire sinon que ce sont, Dieu les bénisse, tout bonnement mes brownies !"

Les petits génies écossais n'ont jamais abandonné Robert Louis Stevenson ; ils l'ont suivi dans son périple en Océanie, se sont installés avec lui à Upolu, une île de l'archipel des Samoas, et n'ont cessé de l'inspirer ; jusqu'à la fin de sa vie, Stevenson a continué de raconter de belles histoires et ses dernières œuvres témoignent d'ailleurs de son profond amour pour l'Écosse ; les indigènes polynésiens, qui l'avaient surnommé Tusitala, "le conteur d'histoires", disent que les brownies de l'écrivain dansent toujours des nuits entières, sur sa tombe, au sommet du pic Vaea, qui surplombe l'Océan Pacifique.

"Brownie écossais", par John D. Batten, 1892.

IRLANDE

LE CHAMP DE JACOBÉES *

Le Lepracaun (littéralement "corps minuscule") est le plus connu des génies solitaires d'Irlande. Les êtres féeriques, qui passent le plus clair de leur temps à danser, apportent leurs chaussures à réparer à ce petit cordonnier qui a toujours beaucoup de travail. Suivant la tradition, le Lepracaun s'introduit dans les maisons pour chaparder quelques pièces de monnaie de façon à remplir un pot d'or et à payer lui-même sa rançon, si jamais il est capturé ; cependant il s'arrange toujours pour s'échapper sans avoir payé. Néanmoins, les Irlandais sont attachés à cette petite créature à laquelle ils attribuent des inventions : le hockey et surtout le célèbre "whiskey".

Par une belle journée de moisson – en fait, le jour de l'Annonciation dont on sait qu'il est l'une des plus grandes fêtes de l'année –, Tom Fitzpatrick, en balade dans la campagne, était en train de longer le côté ensoleillé d'une haie ** ;

* Plantes herbacées à fleurs jaunes. *(N.d.l'É.)*

** La haie est un lieu de séjour des esprits. C'est d'elle que les sorcières tirent le bâton qui leur sert de monture et auquel elles doivent l'un de leurs noms : "chevaucheuses de haie". *(N.d.l'É.)*

soudain, il entendit une sorte de bruit cliquetant qui en provenait tout près de lui.

- Mon Dieu ! dit Tom, n'est-il pas surprenant d'entendre chanter les traquets * si tard en saison ?

Si bien qu'il se mit à avancer furtivement, en marchant sur la pointe des pieds afin d'apercevoir ce qui faisait ce bruit et de savoir s'il avait deviné juste. Le claquement s'arrêta ; mais en regardant vivement à travers les branchages, que vit-il, dans un recoin de la haie, si ce n'est une cruche brune qui aurait pu contenir un gallon et demi d'alcool ; un tout petit riquiqui bout de vieil homme fit son apparition ; un petit calot défraîchi était vissé sur le sommet de son crâne et il portait un tablier de cuir malpropre. Il installa un petit tabouret en bois contre la cruche et grimpa dessus ; il plongea dans le récipient une petite mesure pourvue d'un long manche, la remplit et la posa à côté du tabouret sur lequel il s'assit ; puis il se mit en devoir de fixer une talonnière sur une espèce de brodequin ** juste à sa taille.

- Eh bien, au nom du Ciel, se dit Tom à lui-même, j'ai souvent entendu parler des Lepracauns et, pour dire la vérité, je n'y ai vraiment jamais cru – mais voilà l'un d'eux à n'en pas douter. Si je m'y prends correctement, ma fortune est faite. On dit qu'un homme ne doit jamais poser les yeux sur ces créatures sinon elles se sauvent.

Tom s'approcha encore un peu, très discrètement, en gardant l'œil fixé sur le petit homme, exactement comme

* Petits passereaux européens dont la rencontre ne présage rien de bon. Le traquet annonce parfois la mort de celui qui l'a croisé. *(N.d.l'É.)*

** Les brodequins sont de solides chaussures montantes. *(N.d.l'É.)*

l'aurait fait un chat avec une souris. Lorsqu'il en fut tout à fait proche, il dit :

– Que Dieu bénisse votre travail, voisin.

Le petit homme leva la tête et répondit :

– Merci de votre amabilité.

– Je m'étonne que vous travailliez un jour de fête ! dit Tom.

– C'est mon affaire et pas la vôtre, fut la réponse.

– Eh bien, peut-être aurez-vous la bonté de nous dire ce que vous avez dans cette cruche ? demanda Tom.

– Avec plaisir, c'est de la bonne bière.

– De la bière ! Par le tonnerre ! Où donc l'avez-vous trouvée ?

– Où je l'ai trouvée ? Je l'ai brassée moi-même. Et avec quoi l'ai-je faite à votre avis ?

– Que je sois damné si je le sais, dit Tom, mais avec du malt, je suppose ; ou sinon avec quoi d'autre ?

– Erreur. Je l'ai faite avec de la bruyère.

– De la bruyère ! s'exclama Tom en éclatant de rire ; vous me pensez assez fou pour croire ça ?

– Comme vous voudrez, mais ce que je vous dis est vrai. N'avez-vous jamais entendu parler des Danois ?

– Si, mais qu'ont-ils à voir là-dedans ?

– Eh bien, quand ils étaient là, ils nous ont appris à faire de la bière avec de la bruyère ; et depuis, ce secret s'est conservé dans ma famille.

– Accepteriez-vous de me faire goûter à votre bière ?

– Je vais vous dire ce que je pense, jeune homme, vous feriez mieux de surveiller la propriété de votre père plutôt que d'embêter les braves gens avec vos questions idiotes.

Pendant que vous perdez ici votre temps, les vaches sont entrées dans le champ d'avoine qu'elles piétinent.

Tom fut si surpris qu'il se trouva sur le point de rebrousser chemin lorsqu'il se ressaisit ; effrayé à l'idée que la même chose pût se reproduire, il se jeta sur le Lepracaun et l'attrapa dans sa main ; mais dans sa hâte, il renversa le pichet et toute la bière se répandit de sorte qu'il ne pût y goûter. Il jura ensuite qu'il tuerait le Lepracaun si ce dernier ne lui montrait pas où il cachait son argent. Tom sembla si féroce et sanguinaire que le petit homme eut vraiment peur et dit :

- Traverse deux champs avec moi et je te montrerai un monceau d'or.

Ils y allèrent, Tom tenait le Lepracaun serré dans sa main et ne le quittait pas des yeux malgré les haies et les fossés à traverser et un bout de marécage plutôt traître ; pour finir, ils arrivèrent dans un grand champ entièrement recouvert de jacobées ; le Lepracaun pointa l'une de ces plantes du doigt et dit :

- Creuse sous cette jacobée et tu trouveras un grand tas plein de guinées.

Dans sa hâte, Tom n'avait pas du tout pensé à emporter de bêche, aussi songea-t-il à aller en chercher une chez lui ; et pour se rappeler de l'endroit, il enleva l'une de ses jarretières rouges et l'attacha autour de la jacobée.

Puis il dit au Lepracaun :

- Jure-moi de ne pas enlever la jarretière de cette plante.

Et le Lepracaun jura aussitôt de ne pas y toucher.

- Je suppose, dit le Lepracaun très poliment, que tu n'as plus besoin de moi maintenant.

– Non, répondit Tom, tu peux t'en aller si tu veux ; que Dieu t'accompagne et te porte chance où que tu ailles.

– Eh bien, au revoir, Tom Fitzpatrick, dit le Lepracaun, et sois récompensé de la peine que tu te donnes.

Tom courut chez lui, prit une bêche et retourna aussi vite qu'il le put dans le champ de jacobées ; mais quelle ne fut pas sa surprise ! il n'y avait pas une seule jacobée dans les champs qui ne portât une jarretière rouge, identique à la sienne ; retourner tout le champ aurait été une pure folie car il mesurait plus d'une bonne quarantaine d'acres irlandais. Aussi Tom rentra-t-il à la maison avec sa bêche sur l'épaule, un peu plus doucement qu'à l'aller, en maudissant le Lepracaun à chaque fois qu'il pensait au sacré tour qu'il lui avait joué.

"Lepracaun", par John D. Batten, 1892.

SUISSE

LES NAINS DES MONTAGNES

La patte d'oie, oiseau migrateur, porteur de fécondité et de résurrection, a une forte valeur symbolique. La reine Pédauque et la reine de Sabbat ont des pieds palmés, signe de leur surnature. Le très ancien jeu de l'Oye était à l'origine un jeu divinatoire et l'oiseau un symbole du destin et de la connaissance. Cette dernière notion est d'ailleurs contenue dans le mot gnome, qui provient du grec "gnosis" : connaissance. Chercher à voir les pieds des nains reviendrait à démasquer leur identité et à s'emparer de leur savoir.

Un berger suisse possédait un beau cerisier qui se trouvait dans une haute vallée. Un été, lorsque les fruits furent mûrs, l'arbre s'en trouva dépouillé trois nuits de suite. Le berger retrouva toutes les cerises étalées sur les claies où il avait coutume de les mettre à sécher pour l'hiver. Tous les gens du village dirent :

– Il ne peut s'agir que des bons nains ; ils viennent la nuit, vêtus de longs manteaux recouvrant leurs pieds ; légers comme des oiseaux, ils sautillent, et font la besogne des hommes avec une habileté sans pareille. On les a souvent aperçus mais on ne veut surtout pas les déranger. Il faut les laisser aller et venir à leur guise.

Ce discours ne fit qu'exciter la curiosité du berger qui mourait d'envie de savoir pourquoi les nains cachaient leurs pieds avec tant de soin : était-ce parce qu'ils étaient différents de ceux des humains ?

En conséquence, l'année suivante, quand vint l'été et l'époque où les nains cueillaient en secret les cerises et les déposaient dans la grange, le berger prit un sac rempli de cendres et le vida autour du cerisier. Le lendemain, il s'y précipita dès l'aube : le cerisier était entièrement dépouillé de ses fruits et les cendres étaient constellées des empreintes de nombreuses pattes d'oie. Cela fit rire le berger qui se vanta d'avoir découvert le secret des nains. Mais, peu de temps après, ceux-ci détruisirent et abandonnèrent leurs habitations puis s'enfoncèrent au plus profond de la montagne dans leur splendide palais secret. Quant à l'imprudent berger qui les avait trahis, il devint malade et le demeura jusqu'à la fin de sa vie.

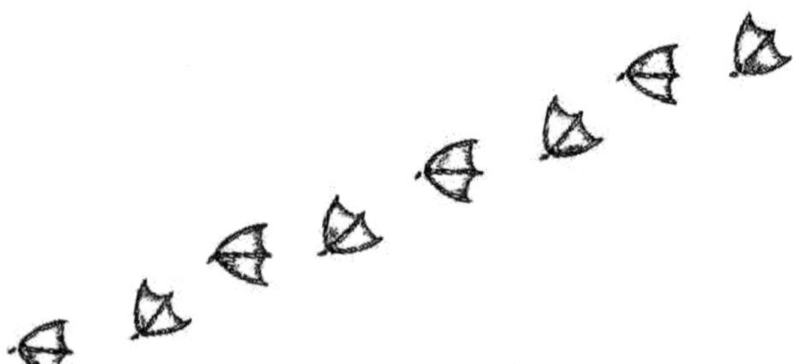

LE CHASSEUR DE CHAMOIS

Un chasseur de chamois sortit tôt un matin et escalada les montagnes. Parvenu à une haute altitude, il aperçut quelques chamois. À l'instant même où il s'apprêtait à lancer une flèche, un terrible cri sorti d'une crevasse l'arrêta dans son élan. En se retournant, il vit un gnome hideux qui le menaçait dangereusement avec sa hache d'armes :

– Pourquoi, s'écria-t-il rageusement, t'attaques-tu depuis si longtemps à mes chamois * et ne laisses-tu pas mon troupeau tranquille ? Mais, maintenant, tu vas le payer de ton sang !

Le malheureux chasseur blêmit en entendant ces mots. La peur manqua de le faire tomber dans le vide. Finalement, il reprit ses esprits et dit au gnome :

– Je vous en supplie, pardonnez-moi ! Je ne savais pas que les chamois vous appartenaient et je n'ai pas d'autre moyen de subsistance que la chasse.

Le gnome se calma et déposa sa hache :

– C'est bon mais que je ne te revois plus jamais en ces lieux. Je te promets que tu trouveras le septième jour de chaque semaine, tôt le matin, un chamois mort suspendu près de ta maison ; mais prends bien garde d'épargner le reste du troupeau !

Après quoi le gnome disparut et le chasseur retourna pensivement chez lui, peu enjoué à l'idée de mener désormais une vie oisive.

Le septième matin, il trouva, suivant la promesse du gnome, un chamois bien en chair suspendu dans les

* Ce gnome est par conséquent le protecteur des animaux sauvages. *(N.d.l'É.)*

branches d'un arbre devant sa maison et il s'en régala. La semaine suivante, il en fut de même, et ce manège continua pendant quelques mois.

Mais finalement, le chasseur ne put supporter plus longtemps cette inaction ; il décida, quoiqu'il advînt, de retourner à la chasse et de tuer lui-même des chamois plutôt que d'avoir sa nourriture fournie, sans le souvenir de ses efforts pour agrémenter son repas. Telle fut sa détermination qu'il reprit de nouveau les sentiers des hautes montagnes. Il jeta bientôt son dévolu sur un magnifique chamois mâle. Le chasseur ajusta son arc et visa sa proie ; il était sur le point de tirer lorsque le gnome surgit devant lui, le saisit par la cheville, et le précipita, la tête la première, dans un précipice.

ALLEMAGNE

LES FEUX-FOLLETS

Avant que le phénomène chimique ne soit expliqué, on redoutait beaucoup ces flammerolles qui virevoltaient la nuit dans les endroits marécageux et... les cimetières. Esprits miniatures du feu ou trépassés ? Leur nom : follet (de la même racine que fou, fada, farfadet) les classe dans la catégorie des premiers mais ils ont souvent les caractéristiques des seconds. Une doctrine théologique du XVIe *siècle prétendait que tout squelette comprenait un os incorruptible qui serait le noyau du nouveau corps au moment de la résurrection. Des croyances populaires disent que les os abritent l'âme qui se réincarnera en bon ou mauvais individu ; et des héros de contes populaires ne recouvrent la vie que grâce à un petit os de leur corps. Les personnages de nos deux récits pensent avoir affaire à des follets et se retrouvent avec... des os. La confusion demeure.*

Un jour, un homme revenait de nuit du moulin à Gieboldhausen dans le Hanovre. Un feu follet dansait continuellement devant lui. Il le regarda pendant quelque temps et pensa à la fin : "Tu pourrais bien l'emporter avec toi ; tu n'aurais plus besoin de lumière." Alors il ouvrit le sac qu'il portait et, quand le feu follet sautilla près de lui, il l'y serra brusquement et l'emporta avec lui. Quand il arriva à sa maison, il raconta à sa femme qu'il avait pris un feu follet et qu'ils n'auraient plus désormais besoin de lumière : en même temps il ouvrit le sac pour lui montrer sa trouvaille ; il y avait dedans une tête de mort. Celle-ci commença à sauter çà et là par toute la maison, si bien qu'il remercia Dieu de l'avoir de nouveau dans le sac et courut en toute hâte à la place où il l'avait prise. Là il la tira aussitôt du sac et au même instant il entendit l'horloge du clocher sonner une heure : alors le feu follet cria :

S'il n'avait pas sonné une heure,
Je t'aurais brisé le cou et les jambes.

Et il disparut.

Un jour il arriva quelque chose d'étrange à un vacher, à Ferchesar près de Rathenow avec un feu follet, où, comme on le nomme là-bas (dans le Brandebourg) *Lüchte maenchen.* Lorsqu'il vint le soir avec son troupeau à la maison, une vache lui manquait. Il retourna sur ses pas pour la chercher, mais ne put la trouver. À la fin, il s'assit fatigué sur une vieille souche d'arbre et voulut allumer une pipe. Tandis qu'il était ainsi, arrive tout à coup une grande troupe de feux follets, qui l'entourèrent en dansant furieusement, tellement qu'un autre en aurait été troublé, mais il était hardi : il resta tranquillement assis et bourra une pipe. Toutefois lorsqu'il voulut l'allumer et qu'il tira son briquet, sa pierre et sa boîte à amadou, les feux follets voltigèrent autour de sa tête, si bien qu'il pensa un instant qu'ils allaient lui roussir les cheveux. C'est pourquoi il prit son bâton et frappa vigoureusement autour de lui ; mais plus il frappait, plus les feux follets arrivaient, en sorte qu'il résolut d'en attraper un, mais il se trouva avoir un os dans la main. Les autres avaient disparu. Il mit tranquillement l'os dans sa poche, alluma sa pipe et s'en alla à la maison.

Le lendemain matin, il sortit avec son troupeau et retrouva sa vache. Mais quand le soir il fut de retour chez lui, alors qu'il faisait déjà sombre, il vit devant sa fenêtre deux petites lumières. Croyant que c'était un voisin qui venait avec une lanterne lui demander conseil pour une bête malade, il ouvrit alors la fenêtre. Il vit alors toute la rue remplie de feux follets qui bondissaient en troupes serrées, tourbillonnaient sans cesse les uns contre les autres et criaient : "Si tu ne nous rends pas notre compagnon, nous mettrons le feu à ta maison tout de suite". Alors il pensa à l'os et dit :

– Ne faites donc pas de bêtises : l'os ne peut pas être votre compagnon.

Mais ils criaient toujours plus haut :

– Si tu ne nous rends pas notre camarade, nous mettrons tout de suite le feu à ta maison.

Il pensa que cela pouvait bien être sérieux, prit l'os, le mit sur le plat de la main, et le présenta à la fenêtre. Aussitôt il redevint un brillant feu follet et bondit : les autres l'entourèrent comme pleins de joie et ils quittèrent le village en sautillant.

LE NAIN DE HÜNEBURG

Près du village de Wimmelburg, non loin d'Eisleben, vers le sud-ouest, se dresse une montagne couverte de buissons, qui est maintenant traversée par le chemin de fer : on l'appelle le Hüneburg. Quand et comment le château qui se trouvait sur cette montagne fut-il englouti, on ne le sait pas, mais on raconte la légende suivante :

Le Hüneburg était alors, comme beaucoup d'autres châteaux dans l'ancien temps, un nid de brigands. Quiconque passait auprès était arrêté, et s'il ne voulait pas abandonner de bon gré ce qu'il possédait, il était assassiné et dépouillé. Pour que personne ne passât sans être aperçu, les chevaliers, qui habitaient là, placèrent sur la tour un gardien qui devait examiner les environs et leur donner avis de tout ce qu'il remarquait. Un jour un moine mendiant arriva au château, demandant un gîte ; les habitants le chassèrent avec des paroles dures. Il s'emporta en invectives contre eux et blâma hautement leur refus. Naturellement, il ne le fit pas impunément, il fut tué. Mais avant de rendre le dernier soupir, il maudit le château qui s'engloutit aussitôt dans la montagne. Mais il dit au veilleur qu'il ne méritait pas le repos, car il méritait le malheur plus que les autres : aussi devait-il errer sur la terre jusqu'à ce qu'il fût délivré. Il ne pouvait être déchargé de la malédiction et rentrer dans le repos éternel que lorsqu'une jeune fille innocente et vertueuse l'embrasserait sans en être priée. Depuis lors, on voyait errer dans les environs le gardien du château sous la forme d'un nain ; cependant il devait s'être fréquemment rendu invisible à l'aide d'un chapeau de nuage. Il avait son habitation dans le château englouti dans la montagne, dans l'espoir de surprendre le baiser libérateur désiré, il se mêlait dans toutes les sociétés, il aimait particulièrement apparaître aux noces où il plaisantait et amusait la compagnie. C'est ainsi qu'un jour il assistait au mariage d'un mineur et se montra très amusant. Quelque temps après, ce mineur n'étant pas revenu de son travail à la fosse, sa jeune femme tomba dans la plus grande inquiétude et tint son mari pour perdu. Dans cette détresse, la sœur du mineur pensa à demander l'aide du nain. Elle alla à la montagne, l'appela et implora son secours. Celui-ci lui avait toujours montré de l'amitié, il ne lui refusa pas son aide. Muni de nourriture, il descendit dans la fosse chercher le malheureux. Il le trouva, mais à moitié enseveli et presque écrasé par le poids qui était sur lui ; cependant ses efforts réussirent à le dégager. Lorsque tous deux revinrent à la lumière du jour, ils furent joyeusement salués par la sœur du mineur qui avait attendu anxieusement en haut. Dans sa reconnaissance pour l'aide qu'elle avait reçue de lui, elle sauta au cou du nain et l'embrassa. Ce baiser bienvenu délivra le condamné de la malédiction qui pesait sur lui. Tout joyeux, il remercia sa libératrice de l'avoir délivré, en sorte qu'il pourrait entrer dans le repos éternel. Il l'aurait ensuite conduite dans la montagne et lui aurait montré le château avec ses habitants pétrifiés, en remarquant qu'il en arrivait ainsi à tous ceux qui exerçaient ainsi le honteux métier de brigands. Après qu'il lui eût fait présent de choses précieuses et qu'il l'eût ramenée à la surface de la terre, il disparut et depuis on ne le revit jamais.

LES AVENTURES DE MARTIN WALDECK

De multiples légendes courent sur les montagnes allemandes du Harz, réputées pour abriter des êtres maléfiques. Elles inspirèrent les créateurs du mythe de Faust, les romantiques allemands et des conteurs tels que les frères Grimm et J.K. August Musäus. Influencé par ces deux derniers et féru de littérature allemande, alors fort en vogue en Angleterre, l'Écossais Walter Scott (1771-1832) présente ici sa propre version.

"Les habitants n'aimaient point qu'on confondît un démon paisible, auquel ils étaient habitués... avec Belphégor". Et les habitants avaient raison, car ce "démon" couronné et ceinturé de feuilles de chênes n'est autre qu'un esprit de la Nature, gar-

*dien des mines et du feu : un avatar des Dactyles auxquels on attribue encore la découverte des richesses minérales du Harz *.*

Les hommes sont-ils prêts à faire bon usage des trésors que leur offre la Nature ? Telle est peut-être la morale implicite de cette histoire.

Les solitudes de la forêt du Harz, en Allemagne, et surtout les montagnes nommées Brockenberg, sont la scène privilégiée des contes où figurent des sorcières, des démons et des apparitions. La plupart des habitants de ce canton étant bûcherons ou mineurs, leur genre de vie les rend plus accessibles aux superstitions vulgaires, et ils attribuent souvent au pouvoir de la magie ou à l'intervention des esprits les phénomènes naturels qui frappent leurs yeux dans la solitude de leurs bois ou dans la profondeur des mines. Parmi les différentes fables qui courent dans ce pays sauvage, la plus répandue est celle qui suppose que la forêt du Harz est habitée par un démon, qu'on représente sous la forme d'un homme de taille gigantesque, portant une couronne et une ceinture de feuilles de chêne, et tenant en main un pin arraché à la terre avec ses racines. Il est certain qu'un grand nombre de personnes prétendent l'avoir vu du fond d'un vallon se promener ainsi sur le penchant d'une montagne et le fait de cette apparition est si généralement admis, que le scepticisme moderne ne trouve d'autre excuse, pour refuser d'y croire, que l'attribuer à une illusion d'optique.

* Les Dactyles étaient petits, ce démon est gigantesque, et la plupart des esprits sont nains ou géants à merci. La taille n'est ici que le symbole de la puissance. *(N.d.l'É.)*

"Le démon du Harz", par Albert Robida.

Dans les anciens temps, ce démon avait un commerce plus fréquent avec les habitants ; et suivant les traditions du pays, il intervenait souvent dans les affaires des mortels, avec le caprice assez ordinaire à cette classe d'êtres, c'est-à-dire tantôt pour leur nuire, tantôt pour leur être utile. Mais on remarquait qu'avec le temps ses dons devenaient funestes, même à ceux qu'il favorisait. Les pasteurs, en faisant de longs sermons pour l'instruction de leurs ouailles, prenaient souvent pour texte l'importance de n'avoir aucune relation directe ni indirecte avec le démon du Harz ; et les vieillards ont souvent raconté à leurs enfants l'histoire de Martin Waldeck, quand ils les voyaient rire d'un danger qui leur paraissait imaginaire.

– Un missionnaire capucin s'était mis en possession de la chaire de l'église couverte en chaume d'un petit hameau nommé Morgenbrodt, situé dans la forêt du Harz. De là il tonnait contre la corruption des habitants et contre les communications qu'ils avaient avec des sorcières, des esprits, des fées, et surtout avec le détestable démon du Harz. La doctrine de Luther avait déjà commencé à se répandre dans les campagnes, car on place cette aventure sous le règne de Charles V, et les paysans ne firent que rire du zèle que déployait le révérend père. Mais sa véhémence augmentait en proportion du mépris qu'on y opposait, et le mépris en proportion de la véhémence. Les habitants n'aimaient point qu'on confondît un démon paisible, auquel ils étaient habitués, qui avait habité le Brockenberg depuis des siècles, avec Belphégor, Astaroth et même Belzébuth, et qu'on le condamnât sans miséricorde à être précipité dans l'abîme sans fond. La crainte que le démon ne se vengeât sur eux de la condamnation portée contre lui en leur présence d'une manière si peu libérale, se joignit à l'intérêt qu'ils lui portaient de temps immémorial. Un missionnaire capucin, dirent-ils, qui est ici aujourd'hui, et qui demain sera ailleurs, peut dire tout ce que bon lui semble, mais ce sera nous, nous les anciens et constants habitants du pays, qui payerons pour lui. Ces réflexions portèrent l'irritation dans leurs esprits ; ils ne s'en tinrent plus à des propos injurieux, ils prirent des pierres, et, les jetant à la tête du capucin, ils le chassèrent du pays en lui disant d'aller prêcher ailleurs contre les démons.

Trois jeunes gens qui avaient été spectateurs et acteurs dans cette scène retournaient à leur hutte, où ils s'occupaient à réduire du bois en charbon. Chemin faisant, la conversation tomba naturellement sur le démon du Harz, et sur le sermon du capucin. Max et Georges Waldeck, les deux frères aînés, tout en convenant que le missionnaire avait été indiscret et blâmable d'oser se prononcer sur la nature et le caractère de l'esprit du Harz, soutinrent pourtant qu'il était dangereux au plus haut degré d'accepter ses dons et d'avoir avec lui aucune communication. Ils reconnaissaient qu'il était puissant, mais il était en même temps fantasque et capricieux, et ceux qui avaient eu des relations avec lui avaient rarement fait une bonne fin. N'avait-il pas donné à ce brave chevalier Ecbert de Rabenwald ce fameux coursier noir, grâce auquel il avait vaincu tous ses concurrents au grand tournoi de Brême ? et ce même coursier ne s'était-il pas précipité avec son maître dans un abîme si profond qu'on n'avait jamais eu de nouvelles du cheval ni du cavalier ? N'avait-il pas donné à dame Gertrude Trodden un charme pour faire prendre le beurre, et n'avait-elle pas été brûlée comme sorcière, par ordre du grand juge criminel de l'électorat, pour avoir fait usage de ce secret ? Mais tous ces exemples et plusieurs autres qu'ils citèrent encore des funestes bienfaits du démon du Harz, ne firent aucune impression sur l'esprit de Martin Waldeck, le plus jeune des trois frères.

Martin était un jeune homme téméraire, impétueux, et excellent dans tous les exercices qui distinguent les montagnards et d'une bravoure à toute épreuve, parce qu'il était familiarisé avec les dangers qu'ils courent en gravissant les rochers. Il ne fit que rire de la timidité de ses frères. "Ne me contez pas de telles sottises, leur dit-il : ce démon est un bon démon ; il vit au milieu de nous comme s'il n'était qu'un paysan ; il gravit les rochers et court sur les montagnes comme s'il chassait ou s'il gardait des chèvres ; et puisqu'il aime la forêt du Harz et ses sites sauvages, il ne peut être indifférent au sort de ceux qui habitent les mêmes lieux. Mais quand il serait aussi méchant que vous le dites, quel pouvoir peut-il avoir sur ceux qui ne font que se servir de ses dons sans contracter aucun engagement envers lui ? Quand vous portez votre charbon à la fonderie, l'argent que vous donne le surintendant, ce vieux Blaise, qui ne fait que blasphémer, n'est-il pas aussi bon que si vous le receviez du pasteur lui-même ? Ce ne sont donc pas les dons du démon qui peuvent vous mettre en danger, mais c'est de l'usage que vous en faites que vous demeurez comptable. Quant à moi, s'il m'apparaissait en ce moment, et qu'il me montrât une mine d'or ou d'argent, je me mettrais à creuser la terre avant qu'il eût le dos tourné ; et tant que je ferais un bon usage des richesses qu'il m'aurait procurées, je me croirais sous la protection d'un être bien plus puissant que lui."

L'aîné de ses frères lui répondit qu'on faisait rarement un bon usage d'un bien mal acquis, et Martin eut la présomption de répliquer que la possession de tous les trésors de la forêt du Harz ne produirait pas le moindre changement dans ses habitudes, dans ses mœurs ni dans son caractère.

Ses frères lui conseillèrent de parler d'un pareil sujet avec plus de réserve, et ce ne fut pas sans peine qu'ils parvinrent à en détourner son attention en lui rappelant une partie de chasse aux ours qu'ils avaient projetée. Cet entretien les conduisit jusqu'à leur hutte, misérable chaumière qui était située sur le penchant d'une colline, dans une vallée étroite et romantique, dans le cœur des montagnes du Brockenberg. Ils relevèrent leur sœur qui s'était chargée, pendant leur absence, de veiller à la réduction du bois en charbon, opération qui demande une attention continuelle, et se partagèrent le même soin pour la nuit, suivant leur coutume, deux d'entre eux dormant tandis que le troisième était à l'ouvrage.

Max Waldeck, l'aîné, chargé de veiller les deux premières heures, fut fort alarmé en apercevant, sur une colline située en face de leur chaumière, un grand feu autour duquel plusieurs personnes semblaient tourner en faisant des gestes bizarres. Il pensa d'abord à appeler ses frères ; mais songeant au caractère entreprenant du plus jeune et craignant de ne pouvoir éveiller Georges sans troubler en même temps le sommeil de Martin ; pensant aussi que ce qu'il voyait pouvait être une illusion du démon, produite peut-être à cause des propos inconsidérés que son frère cadet avait tenus la soirée précédente, il crut ne pouvoir mieux faire que de recourir à la prière, et d'attendre avec inquiétude et terreur la fin de cette étrange et alarmante vision. Le feu, après avoir brûlé quelque temps, s'éteignit peu à peu ; l'obscurité y succéda, et pendant le reste du temps qu'il devait encore veiller, il ne fut plus troublé que par le souvenir de ce qu'il avait vu.

Georges prit alors la place de Max, qui alla se coucher à son tour. Le phénomène d'un grand feu allumé sur la colline se présenta à ses yeux comme à ceux de son frère. Autour de la flamme étaient aussi des figures qui, alternativement placées entre la chaumière et le feu, étaient faciles à distinguer, gesticulant comme si elles étaient occupées de quelque cérémonie mystique. Quoiqu'aussi prudent que son frère aîné, Georges était d'un caractère plus hardi. Il résolut donc d'examiner de plus près cette merveille, et, ayant traversé un petit ruisseau qui coulait dans le vallon, il s'approcha du feu à la distance d'un trait de flèche, et le vit encore briller du même éclat.

Les êtres qui l'entouraient ressemblaient à ces fantômes que des rêves nous présentent, et leur vue le confirma dans l'idée qu'il avait eue d'abord qu'ils appartenaient à un autre monde. Parmi ces figures étranges, il distingua un géant velu, tenant en main un pin arraché avec ses racines, dont il semblait se servir de temps en temps pour attiser le feu, et sans autres vêtements qu'une couronne et une ceinture de feuilles de chêne. Georges sentit son cœur défaillir en reconnaissant le démon de la forêt du Harz, tel qu'on en faisait la description, d'après les bergers et les chasseurs qui l'avaient vu autrefois traverser les montagnes. Il retourna sur ses pas en prenant la fuite ; mais en y réfléchissant il se reprocha sa lâcheté, et, récitant tout bas le psaume "Que tous les anges acclament le Seigneur !", il reprit le chemin de la colline où il avait vu le feu ; mais, à sa grande surprise, il n'en existait plus aucune trace.

Les pâles rayons de la lune éclairaient la vallée ; et quand Georges, le front couvert d'une sueur froide et les cheveux hérissés, fut arrivé tout tremblant à l'endroit sur lequel il avait aperçu le feu, et remarquable par un grand chêne qui semblait au milieu des flammes, il ne trouva pas le plus léger vestige de tout ce qu'il avait cru voir. La mousse, le gazon, les fleurs sauvages, tout était intact, et les feuilles du grand chêne étaient humides de rosée.

Il retourna à la hutte en tremblant, et, raisonnant comme son frère aîné, il résolut de ne point parler de ce qu'il avait vu, de peur d'éveiller en Martin une curiosité entreprenante qu'il regardait presque comme une impiété.

C'était alors au tour de Martin de veiller. Le coq de la petite basse-cour venait déjà d'annoncer que la nuit ne tarderait pas à faire place à l'aurore. Il examina l'état de la fournaise où le bois était déposé pour être réduit en charbon, et fut surpris de voir que le feu n'avait pas été suffisamment entretenu ; car l'excursion de Georges et le spectacle étonnant dont il avait été témoin lui avaient fait oublier ce qui devait être son principal soin. Sa première pensée fut d'appeler ses frères, mais voyant qu'ils dormaient profondément, il respecta leur sommeil et fournit au feu de nouveaux aliments sans demander l'aide de personne. Mais le bois qu'il prit était apparemment vert ou humide ; car, bien loin de ranimer le feu, il parut diminuer encore son reste d'activité. Il courut sur-le-champ chercher du bois bien sec, mis en réserve pour de pareilles occasions ; mais quand il revint, il trouva le feu tout à fait éteint : c'était un accident sérieux, et dont la suite pouvait être la perte d'une de leurs journées de travail. Fort contrarié de cet événement, il se mit à battre le briquet ; mais l'amadou avait pris de l'humidité, et tous ses efforts furent inutiles. Il allait alors appeler ses frères, car la circonstance semblait pressante, quand une lumière subite se répandant dans la hutte par la fenêtre et par les crevasses des murs, il en ouvrit la porte, et vit le phénomène qui avait alarmé Max et Georges.

Sa première idée fut que les Muhllerhaussers, avec lesquels ils avaient eu plusieurs querelles causées par la jalousie de métier, avaient empiété sur leurs limites pour marauder dans cette portion du bois. Il pensa de nouveau à éveiller ses frères pour aller punir ces audacieux voisins ; mais en considérant les gestes de ceux qui semblaient "travailler au feu", il changea d'opinion, et quoique un peu sceptique en pareilles matières, il conclut qu'il voyait un phénomène surnaturel.

"Que ce soient des hommes ou des esprits, dit l'intrépide jeune homme, et quelle que soit la besogne dont ils s'occupent, j'irai leur demander du feu pour allumer notre fournaise."

Il renonça en même temps à l'idée d'éveiller ses frères. On croyait généralement qu'il fallait être seul pour réussir dans des aventures semblables à celle qu'il allait entreprendre ; il craignait aussi que la timidité scrupuleuse de ses frères ne s'opposât à la résolution qu'il avait formée.

Prenant donc un long épieu à chasser les ours suspendu à la muraille, il partit seul, résolu de mettre fin à cette aventure.

Avec le même succès que son frère Georges, mais avec un courage beaucoup plus ferme, Martin traversa le ruisseau, monta sur la colline, et s'avança si près de cette étrange assemblée qu'il reconnut dans l'être qui semblait y présider tous les attributs du démon du Harz. Il fut saisi d'un frisson pour la première fois de sa vie ; mais il se rappela qu'il avait désiré plus d'une fois l'occasion qui se présentait ; cette pensée ranima son courage ; et, trouvant dans son amour-propre la résolution qui commençait à lui manquer, il s'avança du côté du feu avec assez de fermeté, les êtres qui étaient à l'entour lui semblant prendre un caractère plus bizarre, plus fantastique, plus surnaturel, à mesure qu'il en approchait. Il fut accueilli par de grands éclats de rire, dont les sons discordants et extraordinaires parurent à ses oreilles étourdies plus alarmants que la combinaison des sons les plus funèbres et les plus mélancoliques qu'on puisse imaginer.

"Qui es-tu ?" lui demanda le géant, cherchant à donner à ses traits hideux un air de gravité forcée que déconcertait souvent, comme malgré lui, un accès de rire sardonique.

– Martin Waldeck, le charbonnier, répondit l'audacieux jeune homme. Et vous-même, qui êtes-vous ?

– Le maître des montagnes et des mines, répondit le spectre. Et comment as-tu osé venir troubler mes mystères ?

– Je viens chercher du feu pour rallumer ma fournaise. Et il lui demanda à son tour avec hardiesse : Et quels sont ces mystères que vous célébrez ici ?

– Nous célébrons, répondit le démon complaisant, les noces d'Hermès avec le dragon noir *. Mais prends le feu que tu viens chercher, et va-t'en. Nul mortel ne peut nous voir longtemps sans périr.

Martin enfonça la pointe de son épieu dans une grosse pièce de bois bien enflammée, et, l'ayant soulevée non sans peine, il reprit le chemin de sa hutte au milieu des éclats de rire qui se renouvelèrent avec une triple violence, et qui firent retentir toute la vallée. Arrivé dans sa chaumière, son premier soin, quelque occupé qu'il fût de ce qu'il venait de voir, fut de placer sa pièce de bois enflammée au milieu du bois sec, pour rallumer le feu de sa fournaise ; mais, en dépit de tous ses efforts, et malgré le secours d'un excellent soufflet de forge, la pièce de bois embrasée finit par s'éteindre, sans avoir mis le feu à une seule allumette. Il se retourna et vit que le feu brillait encore sur la colline, quoiqu'il parût abandonné par tous les êtres qui l'entouraient auparavant. S'imaginant que le démon avait voulu lui jouer un tour, il se livra à son audace naturelle ; et, décidé à voir la fin de cette aventure, il retourna sur la colline, y prit un second tison enflammé sans éprouver aucune opposition, mais ne réussit pas mieux à rallumer son feu. L'impunité augmentant sa hardiesse, il résolut de faire une troisième épreuve, et réussit encore à arriver jusqu'au feu et à y prendre de la même manière un gros morceau de bois embrasé ; mais comme il s'en allait, il entendit la même

* Il s'agit d'une opération chimique indispensable à la formation de la pierre philosophale : Hermès doit couper la tête du dragon noir et du corbeau afin de détruire les impuretés symbolisées par la couleur noire. *(N.d.l'É.)*

voix qui lui avait déjà parlé prononcer ces paroles : "Garde-toi bien de revenir ici une quatrième fois !"

Les nouveaux efforts qu'il fit pour rallumer son feu n'ayant pas eu plus de succès, Martin y renonça, et, se jetant sur son lit de feuilles, il résolut d'attendre le jour pour communiquer à ses frères tout ce qui lui était arrivé. La fatigue du corps et l'agitation d'esprit ne tardèrent pas à l'endormir, et il fut réveillé par de grands cris de joie et de surprise. Ses frères, en s'éveillant étonnés de trouver le feu éteint, avaient retiré le bois de la fournaise afin de l'arranger pour le rallumer plus facilement, et avaient trouvé dans les cendres trois énormes lingots de métal : les connaissances en minéralogie que la pratique donne à presque tous les habitants de ce canton leur avaient fait reconnaître sur-le-champ que c'était de l'or le plus pur.

Leurs transports se calmèrent un peu quand Martin leur eut appris de quelle manière ce trésor se trouvait en leur possession ; car ce qu'ils avaient vu eux-mêmes ne leur permettait pas de douter de la vérité de cette aventure. Mais ils ne purent résister à la tentation de partager la bonne fortune de leur frère. Se regardant alors comme le chef de la famille, Martin Waldeck acheta des terres et des forêts, fit construire un château, obtint des lettres de noblesse, et fut investi des mêmes privilèges que les plus nobles barons du voisinage, au grand déplaisir de ceux-ci. Son courage dans la guerre, ainsi que dans les querelles particulières qu'il eut à soutenir, le maintint contre la haine à laquelle l'exposèrent son élévation soudaine et ses prétentions arrogantes. Mais Martin Waldeck fournit bientôt un nouvel exemple qui prouve combien peu les hommes sont en état de prévoir l'influence qu'aura sur leurs mœurs une prospérité soudaine. Ses mauvaises inclinations, que sa pauvreté avait arrêtées, se développèrent ; la tentation et le moyen d'y céder leur fit porter de funestes fruits. Une passion en éveilla une autre, le démon de l'avarice évoqua celui de l'orgueil, et l'orgueil appela à son aide l'oppression et la cruauté.

Le caractère de Martin Waldeck, toujours audacieux et entreprenant, mais rendu plus dur et plus insolent par la prospérité, attira bientôt sur lui la haine, non seulement de la noblesse mais encore des classes inférieures, qui voyaient avec une double indignation les droits les plus oppressifs de la féodalité exercés sans remords et dans toute leur rigueur par un homme sorti de la poussière. Son aventure, quoique cachée avec soin, commençait aussi à être connue, et le clergé traitait déjà de sorcier et de complice des démons le misérable qui, ayant obtenu un trésor presque inépuisable par des moyens si étranges, n'en avait pas consacré une partie à l'Église pour sanctifier le reste... Entouré d'ennemis publics et privés, ayant des querelles avec tous ses voisins, et menacé d'excommunication, Martin, ou pour mieux dire le baron von Waldeck, comme on l'appelait alors, regretta plus d'une fois bien amèrement les travaux et les plaisirs d'une pauvreté qui n'excitait pas l'envie. Mais le courage ne lui manqua jamais ; il semblait même en puiser davantage dans les dangers qui s'accumulaient autour de lui. Un incident imprévu accéléra sa chute.

Une proclamation du duc régnant de Brunswick avait invité à un grand tournoi tous les nobles allemands de naissance honorable. Martin Waldeck, couvert d'armes magnifiques, accompagné de ses deux frères, et suivi d'une escorte nombreuse somptueusement équipée, eut l'insolence de se montrer au milieu des chevaliers assemblés, et de demander à entrer en lice. Cette démarche fut considérée comme comblant la mesure de sa présomption. Mille voix s'écrièrent qu'il ne fallait pas souffrir qu'un ancien remueur de cendres se mêlât aux jeux de la chevalerie. Irrité jusqu'à la fureur, Martin tira son épée et en frappa le héraut qui, sur la réclamation universelle s'opposait à ce qu'il entrât dans la lice. Cent épées sortirent en même temps du fourreau pour punir une violence qu'on regardait alors comme un crime qui ne le cédait en noirceur qu'au sacrilège et au régicide. Waldeck, après s'être défendu comme un lion, fut enfin saisi, traduit devant les maréchaux du tournoi, jugé sur le lieu même, et condamné, en réparation de l'attentat qu'il avait commis en violant la paix publique et en frappant la personne sacrée d'un héraut d'armes, à avoir la main droite coupée, à être dégradé du rang de la noblesse, dont il était indigne, et à être chassé de la ville. Quand, dépouillé de ses armes, il eut subi cette sentence sévère, il fut abandonné à la populace, qui suivit cette malheureuse victime de l'ambition en poussant de grands cris, l'appelant magicien et oppresseur, et qui, après l'avoir insulté par les propos les plus injurieux, finit par le maltraiter de toutes les manières. Son escorte avait pris la fuite et s'était dispersée. Cependant ses deux frères parvinrent à le tirer des mains de la canaille qui se faisait un plaisir de le tourmenter, lorsqu'ayant rassasié sa soif de vengeance, elle le vit succomber sous les mauvais traitements dont elle l'accablait, et tomber épuisé par la perte de son sang. La cruauté de ses ennemis fut pourtant assez ingénieuse pour ne permettre encore qu'on ne le transportât que sur un chariot à charbon, semblable à celui qu'il avait autrefois conduit lui-même. Ses frères l'y placèrent sur une botte de paille, espérant à peine pouvoir le conduire en un lieu de sûreté avant que la mort eût mis fin à ses maux.

Lorsque les Waldeck, voyageant de cette manière misérable, arrivèrent dans les environs de leur pays natal, ils aperçurent de loin, dans un défilé situé entre deux montagnes, quelqu'un qui s'avançait vers eux, et qu'ils prirent d'abord pour un vieillard. Mais, à mesure que cet inconnu s'approchait, sa taille croissait, son manteau disparut de dessus ses épaules, son bourdon * de pèlerin devint un pin arraché avec les racines, et le démon gigantesque de la forêt du Harz parut à leurs yeux et les frappa de terreur. Quand il arriva en face du chariot sur lequel était le malheureux Waldeck, ses traits prirent l'expression d'un souverain mépris et d'une malignité satisfaite, et il demanda à Martin :

"Comment trouves-tu le feu que mes braises ont allumé ?" La vue de cet être redoutable rendit les deux frères immobiles d'effroi, et ranima au contraire les forces du mourant. Il se souleva, ferma le poing de la main qui lui restait, et en menaça l'esprit. Le démon poussa, selon son usage, un éclat de rire sardonique, et disparut à leurs yeux, laissant Waldeck épuisé par ce dernier effort de la nature défaillante.

Les frères, frappés d'épouvante, se dirigèrent alors vers les tours d'un couvent, qui s'élevaient dans un bois de pins

* Long bâton surmonté d'un ornement en forme de pomme. *(N.d.l'É.)*

près de la route. Ils y furent charitablement reçus par un capucin à pieds nus et à longue barbe, et Martin ne vécut que le temps nécessaire pour se confesser de ses fautes, ce qui ne lui était point arrivé depuis les jours de sa prospérité soudaine, et pour en recevoir l'absolution des mains de ce même prêtre qu'il avait aidé à chasser à coups de pierres du hameau de Morgenbrodt, trois ans auparavant jour pour jour. On crut que ces trois années d'une félicité précaire avaient un rapport mystérieux avec le nombre de voyages que Martin avait faits sur la colline où brûlait un feu surnaturel.

Le corps de Martin Waldeck fut enterré dans le couvent où il expira, et où ses frères, ayant pris l'habit de l'ordre, vécurent et moururent occupés d'œuvres de dévotion et de charité. Ses terres, sur lesquelles personne n'éleva de prétentions, restèrent incultes jusqu'à ce que l'empereur en prît possession comme d'un fief dévolu à la couronne ; et les ruines du château auquel il avait donné son nom sont encore redoutées par le mineur et le bûcheron, qui prétendent qu'elles servent de retraite à de mauvais esprits. C'est ainsi que Martin Waldeck offrit en sa personne un exemple des maux attachés à une richesse mal acquise et dont on fait mauvais usage.

NORVÈGE

LE CHAT DE DOVREFJELL

Ce thème très ancien figure déjà dans un fabliau allemand du XIIIe *siècle "Le petit Schrat et l'ours polaire". En Scandinavie, la veille de Noël, il était de coutume de nettoyer les maisons, de laisser les lumières allumées, les portes ouvertes et de préparer un repas pour les elfes, tomtes, nisses, et autres esprits... Avant de partir à la messe de minuit, la maîtresse de maison en faisait tout le tour en disant : "Laissez entrer et sortir ceux qui le souhaitent et empêchez-les de me nuire ainsi qu'aux miens." Ces visiteurs de Noël pouvaient, en effet, se montrer assez redoutables...*

Il était une fois un homme de Finlande qui avait capturé un grand ours blanc et voulait l'offrir au roi du Danemark. Cependant, il arriva à Dovrefjell *, juste la veille de Noël, et il se retrouva près d'une chaumière où demeurait un homme, nommé Halvor ; il lui demanda s'il pouvait l'héberger avec son ours.

– Que le ciel ne me vienne jamais en aide, si je ne dis pas la vérité, répondit Halvor, mais nous ne pouvons don-

* Les montagnes de Dovrefjell, situées au centre de la Norvège, sont réputées pour leurs trolls. *(N.d.l'É.)*

ner l'hospitalité à personne la veille de Noël car une telle quantité de trolls nous tombe alors dessus que nous sommes obligés de partir ; nous nous retrouvons alors nous-mêmes sans toit et ne pouvons loger personne.

– Oh ? dit l'homme, si ce n'est que cela, vous pouvez très bien me prêter votre maison ; mon ours s'étendra sous le poêle et je dormirai dans la pièce à côté.

Et il supplia tant qu'à la fin il obtint la permission de rester dans cette maison.

Ses habitants s'en allèrent après avoir tout préparé pour les trolls ; les tables furent mises et recouvertes de porridge au riz, de poisson bouilli dans la lessive * et de beaucoup d'autres bonnes choses, comme toujours lors des grandes fêtes.

Et, quand tout fut prêt, les trolls déboulèrent. Certains étaient grands et d'autres petits ; certains avaient de longues queues et d'autres n'en avaient pas du tout ; tous mangèrent et burent et goûtèrent à tout. Soudain, l'un des petits trolls aperçut l'ours blanc, qui était couché sous le poêle ; il prit alors un morceau de saucisse, le planta sur une fourchette et alla l'agiter près du nez de l'ours en criant d'une voix perçante :

– Minou, veux-tu un peu de saucisse ?

L'ours blanc bondit alors sur ses pattes, gronda et chassa toute la bande de trolls, les petits comme les grands, hors de la maison.

L'année suivante, Halvor se retrouva dans le bois, l'après-midi de la veille de Noël, pour couper du bois en vue

* Il s'agit d'un mode particulier de cuisson très utilisé dans les pays scandinaves au moment de Noël. (N.d.l'É.)

des vacances, car il pensait que les trolls allaient revenir ; et, comme il travaillait dur, il entendit une voix l'appeler dans le bois : "Halvor ! Halvor !

- Eh bien, répondit-il, je suis là.
- As-tu toujours ton gros chat ?
- Oui, dit Halvor ; il est allongé sous le poêle et, en plus, il a maintenant sept petits, encore plus gros et plus féroces que lui.
- Oh ! nous ne reviendrons jamais chez toi ! brailla le troll en s'enfuyant dans le bois.

Halvor demeura silencieux ; et depuis ce jour-là les trolls n'ont plus jamais fait leur festin de Noël chez Halvor à Dovrefjell.

LE CAUCHEMAR

Le mot cauchemar vient du latin "calcare" qui signifie "fouler", "presser" et du mot néerlandais "mare" qui signifie "fantôme". Ainsi s'explique l'oppression ressentie par le dormeur victime de mauvais rêves : un fantôme, un incube (qui couche dessus) ou un lutin "fouleur" profite de son sommeil pour lui écraser la poitrine.

En apparence, Mara, le Cauchemar, est semblable à une belle femme mais, par ses actions, elle apparaît comme le plus maléfique des esprits. Elle passe au travers des portes fermées à clef et s'attaque aux dormeurs, soit en montant à califourchon sur eux et en les tourmentant avec d'horribles rêves, soit en s'allongeant sur eux et en tordant leurs cœurs à leur insu. On dit de ceux qui sont visités la nuit de cette façon qu'ils sont "chevauchés" par Mara, ce qui les étouffe le plus souvent. Parfois elle ne se contente pas de tourmenter les humains mais s'attaque également au bétail et aux chevaux. À Telemark, on l'appelle Muro et là comme ailleurs il y a beaucoup de manières de s'en débarrasser. L'un des plus efficaces consiste à se saisir d'un couteau, à l'envelopper dans un tissu et à le faire passer trois fois autour de son corps dans le même sens en disant ces mots :

Muro, petite Muro !
Si tu es là,
tu dois t'en aller !
Ici, il y a un couteau et une lance
Et Simon Svipu est là.

Simon Svipu est le nom des épaisses pousses que l'on trouve sur les rejets des vieux bouleaux et que l'on suspend au-dessus des chevaux, du bétail et des lits de façon à empêcher Mara de venir chevaucher là.

Mara est décrite de diverses manières. Un vieil homme explique que lorsque Mara le chevauche, ce qui arrive souvent, elle vient sous la forme d'un chien noir et essaie de l'étrangler mais, dès qu'il achève de réciter le "Notre Père", il se trouve libéré. D'autres disent que Mara doit s'enfuir si on arrive à dire "Au nom de Jésus !" ou bien à pousser un cri perçant. Certains pensent que seules les personnes secrètement amoureuses sont susceptibles d'être chevauchées par le Cauchemar ; d'autres disent que si le temps nécessaire pour réciter le "Notre Père" permet à Mara de compter toutes les dents dans la bouche d'un dormeur, ce dernier mourra fatalement.

DANEMARK

LE KLABOLTERMAND DU BATEAU

Le "Klaboltermand" se nomme en Suède "Kabbelgatt" et en Allemagne Klabautermann ; ce mot vient de "klabastern", "faire du tapage", "frapper sans cesse". Bien connu des marins, cet esprit des bateaux participe aux tâches de routine comme le chargement du cargo, la réparation des membrures, mais il se manifeste essentiellement pendant les moments de danger, guidant le navire dans le brouillard ou utilisant sa grande force pour soutenir le mât dans la tempête. Naturellement son obligeance peut se changer en courroux si on l'offense. S'il quitte le navire, ce dernier est condamné. Suivant une croyance suédoise, c'est un esprit de l'arbre qui arrive avec la membrure ayant servi à façonner la quille. Au Danemark, on dit souvent qu'il demeure dans la figure de proue.

Un certain bateau était revenu au port sain et sauf après un long voyage ; ce cargo devait être déchargé le lendemain. Pendant la soirée, un des marins se tenait debout sur le pont en songeant à sa chère famille qu'il reverrait bientôt à la maison. Il entendit soudain une petite voix hélant un bateau qui se trouvait amarré bord à bord. Une voix exactement semblable lui répondit de l'autre navire, lui demandant si le voyage s'était bien passé et ainsi de suite. La première voix répondit :

– Le voyage n'a pas été trop mauvais mais quel travail j'ai eu ! Il ne serait pas resté grand-chose des mâts si je ne les avais pas soutenus, ni des voiles si je ne les avais pas retenues ; il a fallu aussi que je bouche les joints qui faisaient eau en bas dans la cale de façon à éviter de sombrer. Si je n'avais pas été à bord, les hommes et les souris, tous auraient coulé au fond. Mais il est pour moi hors de question de rester ici plus longtemps car le capitaine et les marins croient que c'est seulement grâce à leur habileté que le voyage s'est si bien passé et ils sont si contents d'eux qu'ils m'ont oublié. Eh bien, je vais quitter ce navire tout de suite.

Le marin, qui était passé inaperçu dans l'obscurité, comprit aussitôt qu'il s'agissait de deux gnomes de bateau en train de converser. Il resta dans sa cachette jusqu'à ce qu'ils aient fini. Le lendemain matin il s'empressa de quitter ce navire dont la chance était maintenant partie et il alla chercher un autre poste. Quelque temps après, ce bateau prit de nouveau la mer mais n'atteignit jamais sa destination ; il avait fait naufrage en route.

LE LUTIN DE L'ÉPICIER

Il y avait une fois un honnête étudiant qui demeurait dans une mansarde et ne possédait rien. Il y avait aussi dans la même maison un honnête épicier qui en était propriétaire ; il avait pour ami un lutin auquel il donnait pour la veillée de Noël un plat de bouillie avec une grosse motte de beurre. Le lutin restait dans la boutique où il y avait beaucoup à apprendre.

Un soir, l'étudiant entra par la porte de derrière pour acheter de la chandelle et du fromage. Il n'avait personne pour faire ses courses et les faisait lui-même. On le servit ; il paya. L'épicier et sa femme lui firent un petit salut de la tête pour lui dire bonsoir.

L'étudiant répondit à leur salut et s'arrêta pour lire la feuille de papier qui emballait son fromage. C'était une

"Le lutin de l'épicier"
in Andersen, *Contes*, Boivin éditeurs, sd.

feuille arrachée à un vieux livre que l'on n'aurait pas dû mettre ainsi en pièces, un vieux livre plein de poésies.

– Il n'est pas complet comme cela, dit l'épicier. Je l'ai reçu d'une vieille femme pour quelques grains de café. Donnez-moi huit shillings, vous aurez le reste.

– Non, dit l'étudiant. Donnez-le moi en échange de mon fromage. Je peux bien ne manger que du pain et du beurre. Ce serait dommage de mettre un tel livre en pièces. Vous êtes un homme habile et pratique ; pourtant, en fait de poésie, vous vous y connaissez à peu près autant que ce panier !

Ces paroles étaient assez impolies, surtout à l'égard du panier ; mais l'épicier riait, l'étudiant aussi.

C'était dit en plaisantant. Mais le lutin fut vexé qu'on parlât ainsi à un épicier qui était son propriétaire et qui vendait du beurre excellent.

Quand il fit nuit et que tous furent couchés, sauf l'étudiant, le lutin entra dans la chambre de madame l'épicière et prit son râtelier. C'était un râtelier merveilleux. Il suffisait de le placer sur n'importe quel objet de la chambre ; aussitôt celui-ci en acquérait la parole et pouvait exprimer ses pensées et ses sentiments aussi bien que madame elle-même, mais jamais en même temps qu'elle, ce qui était un bonheur, du reste, car tous les deux se seraient parlés dans la bouche.

Le lutin mit le râtelier dans le panier aux vieux journaux.

– Est-il vrai, lui demanda-t-il, que tu ne saches pas ce que c'est que la poésie ?

– Si vraiment, dit le panier ; c'est ce que l'on voit au bas des journaux et que l'on découpe. Je crois que j'en ai plus en moi qu'un étudiant, et je ne suis qu'un panier de rien en comparaison de l'épicier.

Le lutin mit le râtelier sur le moulin à café, puis sur le pot à beurre et sur le tiroir-caisse. Tous étaient du même avis que le panier. Et l'on doit respecter le sentiment de la majorité.

– Eh bien ! au tour de l'étudiant ! dit le lutin.

Il monta, par l'escalier de la cuisine, jusqu'au galetas de l'étudiant. Il y avait de la lumière à l'intérieur. Le lutin regarda par la serrure et vit l'étudiant en train de lire les lambeaux du livre de l'épicier. Mais comme il faisait clair dans la chambre ! Le livre émettait un rayon qui s'épanouissait en un arbre, s'élevait très haut et étalait ses branches au-dessus du lecteur. Chaque feuille était fraîche et chaque fleur était une jolie tête de jeune fille, quelques-unes avec des yeux noirs et brillants, d'autres avec des yeux bleus et extraordinairement clairs. Chaque fruit était une étoile brillante, et l'on entendait dans l'air des sons et des chants ravissants.

Le lutin n'avait jamais imaginé pareilles délices. Il resta là, debout sur la pointe du pied, regardant de tous ses yeux, jusqu'à ce que la lumière fût éteinte.

À la fin, l'étudiant souffla sa lampe et alla se coucher. Mais le lutin ne bougea pas, car le chant continuait toujours aussi doux et charmeur ; c'était comme une berceuse pour l'étudiant qui s'endormait.

– Voilà qui est merveilleux ! dit le petit lutin. Je n'aurais pas cru cela ! Je me demande s'il ne faut pas venir demeurer chez l'étudiant.

Il réfléchit longtemps.

– L'étudiant n'a pas de bouillie ! se dit-il.

Cela le décida à redescendre chez l'épicier.

Il était temps qu'il vînt, car le panier avait déjà presque usé le râtelier à force de parler. Le lutin le rapporta à la femme de l'épicier. Mais toute la boutique, du tiroir-caisse au pot à beurre, se fit depuis lors une opinion d'après le panier ; on fut plein d'égards pour lui, on mit en lui toute sa confiance.

Ce fut à ce point que l'épicier, en lisant dans son journal du soir la "Chronique artistique et théâtrale", s'imagina qu'elle aussi venait du panier.

Mais le petit lutin ne pouvait demeurer en repos.

La science et la sagesse qu'on acquérait dans la boutique de l'épicier ne lui suffisaient pas.

Dès que la lumière brillait dans le grenier, il semblait que les rayons fussent des cordes qui le hissaient là-haut. Il accourait pour regarder par le trou de la serrure, et alors il éprouvait une impression aussi forte que celle que l'on peut avoir sur la mer pendant une tempête.

Il se mettait à pleurer sans savoir pourquoi, et il trouvait comme un soulagement à ses larmes.

Comme ce serait délicieux d'être assis près de cet étudiant sous le grand arbre !

Il était encore là, sur le palier glacial, quand le vent d'automne se mit à souffler à travers les planches du toit. Même si le froid était très vif, il ne s'en apercevait jamais avant que la lumière fût éteinte et que les sons eussent cessé. Mais alors il se sentait gelé et rentrait en grelottant dans la boutique. Il y faisait si bon et si chaud ; puis, n'y avait-il pas la bouillie de Noël et la grosse motte de beurre ?

L'épicier le tenait par là.

Une nuit, le lutin fut éveillé par un vacarme effroyable. Sous les fenêtres, la foule poussait des cris.

Le veilleur jetait l'alarme.

Un grand incendie éclairait toute la rue. Était-ce chez l'épicier ou chez un voisin ? Quelle angoisse ! Madame l'épicière fut si terrifiée qu'elle ôta ses boucles d'oreilles et les mit dans sa poche, pour sauver quelque chose ! L'épicier courut à sa caisse et la servante à sa mantille de soie.

Chacun voulut sauver ce qu'il avait de plus précieux.

Le lutin bondit jusque chez l'étudiant ; celui-ci était tranquillement à sa fenêtre pour voir l'incendie, qui avait éclaté chez le voisin. Le lutin prit sur la table le livre merveilleux, le fourra dans son bonnet rouge et le tint dans ses deux mains : le trésor le plus précieux de la maison était sauf ! Il s'enfuit bien vite sur le toit, par la cheminée. Il s'assit là, à la lueur de la maison voisine qui brûlait, et tenant entre ses mains son bonnet rouge où était le trésor. Il savait maintenant quelle loi son cœur devait suivre et à qui il appartenait ! Mais quand l'incendie fut éteint, la raison reprit le dessus.

– Je me partagerai entre eux deux, déclara-t-il. Je ne peux pas abandonner complètement l'épicier, la bouillie est vraiment trop bonne.

Et cela était bien humain.

Nous autres aussi, nous retournons chez l'épicier, – à cause de la bouillie.

FINLANDE

LA DÉSOBÉISSANCE PUNIE

Un votiaque * était allé un jour dans la forêt afin d'y construire des ruches. Tandis qu'il cherchait partout un arbre propre à l'usage auquel il le destinait, il fit la rencontre d'un sylvain :

– Que cherches-tu ? lui demanda l'esprit.

– Un arbre, répondit l'homme, avec le bois duquel je puisse construire des ruches.

– Suis-moi, lui dit alors le sylvain, je vais t'indiquer ce que tu cherches.

Il entraîna l'homme et lui montrant un arbre :

– Dans cet arbre, dit-il, tu vas construire neuf ruches ; mais il t'est défendu d'en faire une de plus !

L'homme construisit neuf ruches et partit. Quand vint le printemps, il se rendit dans la forêt afin de confectionner des fermetures pour ses ruches. Il rencontra alors de nouveau le sylvain, et ce dernier lui ayant demandé ce qu'il cherchait, le votiaque lui répondit :

– Je cherche des couvercles pour clore les ruches que j'ai confectionnées.

* Peuple finnois établi dans la Russie orientale. *(N.d.l'É.)*

– C'est bien, reprit l'esprit, marchons ensemble.

Et ils s'en furent tous les deux à la recherche de couvercles. Au bout de trois jours, le sylvain trouva ce qui lui était nécessaire ; les couvercles furent confectionnés et les ruches munies de fermetures.

L'été étant venu, le votiaque se rendit dans la forêt pour examiner ses ruches. Elles étaient, toutes les neuf, occupées par des abeilles. L'homme revint encore au cours du printemps suivant. Oubliant la recommandation du sylvain, il construisit une nouvelle ruche au sommet de l'arbre. Mais quand l'été fut revenu, et que le votiaque s'en vint visiter ses abeilles, ce fut en vain qu'il les chercha : toutes avaient disparu ! L'esprit de la forêt apparut alors et lui dit :

"Lutin scandinave"
in T. Keightley, *The Fairy Mythology*, G. Bell, London, 1878.

– Que t'avais-je dit ? tu construiras neuf ruches, mais il t'est interdit d'en bâtir une de plus ! Si tu enfreins cette défense, aucune abeille ne rentrera plus dans tes ruches. Tu as oublié ma recommandation. L'arbre que je t'avais indiqué était le Roi de la Forêt. Par ta désobéissance, tu as crevé son œil qui se trouvait justement au sommet, là où tu as construit ta dixième ruche.

PALESTINE

LES GÉNIES DE L'IÏLANLY-DAG

Aux environs de Césarée, sur la route d'Indgé-Sou, se trouve une montagne connue sous le nom turc de Îlanly-dag, Montagne des Serpents.

Il y a une dizaine d'années, un derviche arabe prit avec lui quatre hommes du pays et les emmena sur l'Iïlanly-Dag, dans une grotte où il prétendait qu'un trésor était caché.

Lorsqu'on fut arrivé, le derviche plaça ses compagnons à l'entrée de la grotte, traça un cercle autour de lui *, et se mit à lire dans un livre qu'il avait apporté.

Presque aussitôt les quatre indigènes aperçurent, près de l'ouverture de la grotte, une jeune fille de la race des Gnomes et qui était divinement belle. En main, la jeune fille tenait une épée nue qu'elle faisait tournoyer, menaçant d'en frapper quiconque essaierait de pénétrer dans la grotte.

– Avancez ! cria le derviche ; n'ayez point crainte ! vous trouverez un amoncellement d'or et de pierreries !

* Ce cercle magique a pour objet de tenir les mauvais génies à distance. Cette pratique est si ancienne que l'un des noms du magicien babylonien était *sahiru*, "celui qui entoure". On le retrouve dans l'arabe *sahir, sahhar,* le "magicien" et *sihr,* "enchantement, magie" (d'après l'*Encyclopedia Universalis*). *(N.d.l'É.)*

Les indigènes obéirent et purent apercevoir dans l'intérieur de la grotte les immenses trésors dont le derviche leur avait parlé.

L'Arabe continuait sa lecture, mais les indigènes n'osaient davantage s'approcher du génie à l'épée flamboyante. Tout à coup le derviche s'arrêta :

– Avancez-vous encore, dit-il, et prenez tout autant d'or que vous en pourrez emporter. Mais gardez-vous de penser à mal agir contre le génie.

La jeune fille cessa de faire tournoyer son épée, et les hommes commencèrent à remplir d'or et de pierreries les sacs qu'ils avaient apportés.

Malheureusement, des pensées coupables entrèrent dans le cœur des indigènes à la vue de cette femme si belle, que chacun d'eux eût voulu posséder. Le derviche le comprit et se remit à lire ; la jeune fille reprit son glaive et courut aux hommes ; elle en précipita deux hors de la grotte et les deux autres s'évanouirent de frayeur.

Le derviche dut au cercle magique et à une invocation pressante au Prophète de n'être point frappé par la jeune fille. Il abandonna ses compagnons sur la Montagne aux Serpents et retourna à Césarée.

Le lendemain, des gens d'Indgé-Sou vinrent sur l'Iïlanly-Dag et trouvèrent les quatre compagnons du derviche étendus la face contre terre. Ils étaient morts.

MONDE ARABE

HISTOIRE DU PÊCHEUR AVEC L'ÉFRIT

L'éfrit, "le rusé", est un synonyme de "genni" ou "djinn", dont dérive notre mot "génie" ; ces êtres mystérieux, invisibles, mais susceptibles de s'incarner de mille façons sont les survivants d'une croyance préislamique très ancrée chez les Arabes. Leur existence a été reconnue par Le Coran, *d'après lequel ces esprits élémentaires auraient été créés par Allah, deux mille ans avant les hommes, avec du feu pur sans fumée ; ils seraient doués d'intelligence mais imperceptibles par nos sens et extrêmement redoutables.*

La littérature médiévale prétend qu'ils furent les premiers habitants de la terre. Ils formaient une société organisée avec une religion et un gouvernement mais ils se rebellèrent et causèrent le malheur et le chaos. Le Tout-Puissant leur envoya alors une troupe d'anges qui les refoula aux confins des îles et des zones habitées. "Je me place sous la protection du Djinn, maître de cette vallée, afin qu'il me protège cette nuit du mal qui peut s'y produire" formulait le voyageur égaré. Ce qui prouve que, malgré la frayeur qu'ils inspirent, ces génies locaux peuvent se montrer de bienveillants protecteurs pour celui qui les respecte.

La crainte populaire, vis-à-vis de ces entités est d'ailleurs demeurée très vivace dans les pays musulmans : après le coucher du soleil, il convient de ne pas faire de bruit, afin de ne pas les déranger ; et il faut impérativement éviter de jeter à terre quoique ce soit, de peur de les heurter et de s'attirer leur courroux.

Il m'est parvenu, ô roi fortuné, qu'il y avait un pêcheur, homme très avancé en âge, marié, père de trois enfants, et très pauvre de son état.

Il avait coutume de jeter son filet quatre fois par jour, rien de plus. Or, un jour d'entre tous les jours, à l'heure de midi, il alla au bord de la mer, déposa son panier, jeta son filet et patienta jusqu'à ce que le filet allât reposer au fond de l'eau. Alors il rassembla les fils, et trouva le filet fort pesant, et ne réussit pas à le tirer à lui. Il porta alors le bout à terre, et l'attacha à un pieu enfoncé en terre. Puis il se dévêtit, plongea dans l'eau autour du filet et ne cessa de se débattre qu'il ne l'eût fait sortir. Il se réjouit, se rhabilla et, s'étant approché du filet, il y trouva un âne mort. À cette vue, il se désola et dit :

- Il n'y a de puissance et de force qu'en Allah le Très-Haut, le Tout-Puissant !

Puis il dit :

- Mais, en vérité, ce don d'Allah est étonnant !

Et il récita ce vers :

"Ô plongeur ! tu roules dans les ténèbres de la nuit et la perdition, aveuglément ! Va, cesse les travaux pénibles ; car la Fortune n'aime pas le mouvement !"

Puis il retira le filet, en exprima l'eau, et lorsqu'il eut fini de l'exprimer, il étendit ce filet. Puis il descendit dans l'eau et dit :

– Au nom d'Allah !

et jeta de nouveau le filet dans l'eau et attendit que le filet eût touché le fond ; il essaya alors de le retirer, mais il constata que le filet était fort pesant et adhérait encore plus

"Eblis, prince des Djinns",
in *Le Magasin pittoresque*, 1848.

au fond que la première fois. Aussi crut-il que c'était du gros poisson. Il attacha alors le filet à terre, se dévêtit, plongea, et fit tant qu'il le retira ; et, l'ayant porté sur le rivage, il y trouva une jarre énorme remplie de boue et de sable. À cette vue, il se lamenta et récita quelques vers :

"Ô vicissitudes du sort, assez ! Et prenez les humains en pitié !

"Quelle tristesse ! Sur la terre, nulle récompense n'est égale au mérite et n'est digne de l'action.

"Des fois je sors de ma maison pour, naïvement, chercher la Fortune. Et on m'apprend qu'il y a longtemps que la Fortune est morte.

"Misère ! est-ce ainsi, ô Fortune, qu'à l'ombre tu relègues les sages pour laisser les sots gouverner le monde ?..."

Puis il jeta la jarre loin de lui, tordit le filet, le nettoya, demanda pardon à Allah pour son mouvement de révolte, et revint vers la mer une troisième fois ; il jeta le filet, attendit que le filet eût atteint le fond et, l'ayant retiré, il y trouva des pots cassés et des verres en morceaux. À cette vue il récita encore un vers d'un poète :

"Ô poète, le vent de la Fortune jamais de ton côté ne soufflera ! Ignores-tu, naïf, que ni ta plume de roseau ni les lignes harmonieuses de l'écriture ne t'enrichiront jamais ?..."

Et, levant la tête au ciel, il s'écria :

– Allah ! Tu le sais ! je ne jette mon filet que quatre fois. Or voici que je l'ai déjà jeté trois fois !

Après cela, il invoqua encore une fois le nom d'Allah, et jeta son filet dans la mer, et attendit qu'il reposât au fond. Et cette fois, malgré tous ses efforts, il ne réussit point à retirer le filet, qui s'accrochait encore davantage aux roches du fond. Alors il s'écria :

– Il n'y a de force et de puissance qu'en Allah !

Puis il se dévêtit, plongea tout autour du filet et se mit à manœuvrer jusqu'à ce qu'il l'eût dégagé et ramené à terre.

Il l'ouvrit et y trouva, cette fois, un grand vase de cuivre jaune, plein et intact ; son embouchure était scellée avec du plomb portant l'empreinte de notre seigneur Soleïman, fils de Daoud *. À cette vue le pêcheur se réjouit beaucoup et se dit : "Voilà une chose que je vendrai dans le souk des chaudronniers, car cela vaut bien au moins dix dinars d'or !" Il essaya alors de faire ballotter le vase, mais il le trouva trop pesant, et il se dit : "Il me faut absolument l'ouvrir et voir son contenu que je mettrai dans mon sac ; et je vendrai ensuite le vase au souk des chaudronniers." Il prit alors son couteau et se mit à manœuvrer jusqu'à ce qu'il eût descellé le plomb ; il renversa alors le vase et le secoua pour verser son contenu par terre. Mais rien ne sortit du vase, si ce n'est une fumée qui monta jusqu'à l'azur du ciel et se déroula à la surface du sol. Et le pêcheur fut prodigieusement étonné. Puis la fumée sortit entièrement, se condensa, se secoua et devint un éfrit dont la tête touchait aux nuages et les pieds traînaient dans la poussière. La tête de cet éfrit était comme une coupole, ses mains comme des fourches, ses pieds comme des mâts, sa bouche comme une caverne, ses dents comme des cailloux, son nez comme une gargoulette, ses

* Salomon, fils de David. Les Arabes le considèrent comme le maître des génies bienfaisants et malfaisants. *(N.d.T.)*

D'après *le Coran*, le roi Salomon aurait enrégimenté ces génies dans son armée et leur aurait fait effectuer différents travaux. *(N.d.l'É.)*

yeux comme deux torches ; ses cheveux étaient en désordre et poudreux. À la vue de cet éfrit, le pêcheur fut épouvanté, ses muscles tremblèrent, ses dents se serrèrent violemment, sa salive sécha et ses yeux s'aveuglèrent à la lumière.

Lorsque le pêcheur vit l'éfrit, il s'écria :

- Il n'y a point d'autre Dieu qu'Allah, et Soleïman est le prophète d'Allah !

et, s'adressant au pêcheur, il lui dit :

- Et toi, ô grand Soleïman, prophète d'Allah, ne me tue pas, car jamais plus je ne désobéirai et ne me mutinerai contre tes ordres !

Alors le pêcheur lui dit :

- Ô géant rebelle et audacieux, tu oses dire que Soleïman est le prophète d'Allah ! D'ailleurs Soleïman est mort depuis déjà mille huit cents ans, et nous sommes à la fin des temps ! Quelle est donc cette histoire ? Et que racontes-tu là ? Et quelle est la cause de ton entrée dans ce vase ?

À ces paroles, le *genni* dit au pêcheur :

- Il n'y a d'autre dieu qu'Allah ! Laisse-moi t'annoncer une bonne nouvelle, ô pêcheur !

Le pêcheur dit :

- Et que vas-tu m'annoncer ?

Il répondit :

- Ta mort ! Et à cette heure même, et de la plus terrible façon !

Le pêcheur répondit :

- Tu mérites pour cette nouvelle, ô lieutenant des afarit *, que le ciel te retire sa protection ! Et puisse-t-il t'éloi-

* Afarit est le pluriel d'éfrit. *(N.d.T.)*

gner de nous ! Pourquoi donc veux-tu ma mort ? Et qu'ai-je fait pour mériter la mort ? Je t'ai délivré du vase, je t'ai sauvé de ce long séjour dans la mer et je t'ai ramené sur la terre !

Alors l'éfrit dit :

– Pèse et choisis l'espèce de mort que tu préfères et la façon dont tu aimes le mieux être tué !

Le pêcheur dit :

– Quel est mon crime pour mériter une telle punition ?

L'éfrit dit :

– Écoute mon histoire, ô pêcheur.

Le pêcheur dit :

– Parle ! et abrège ton discours, car d'impatience mon âme est sur le point de sortir de mon pied !

L'éfrit dit :

– Sache que je suis un *genni* rebelle ! Je m'étais mutiné contre Soleïman, fils de Daoud. Mon nom est Sakhr El-Genni ! Et Soleïman dépêcha vers moi son vizir Assef, fils de Barkhia, qui m'emmena, malgré mes efforts, et me conduisit entre les mains de Soleïman. Et mon nez en ce moment-là devint bien humble. À ma vue, Soleïman fit sa conjuration à Allah, et m'enjoignit d'embrasser sa religion et d'entrer sous son obédience. Mais moi, je refusai. Alors il fit apporter ce vase et m'y emprisonna. Puis il le scella avec du plomb et y imprima le nom du Très-Haut. Puis il donna ses ordres aux *genni* fidèles, qui m'enlevèrent sur leurs épaules et me jetèrent au milieu de la mer. Je séjournai cent ans au fond de l'eau, et je disais en mon cœur : "J'enrichirai éternellement celui qui me délivrera !" Mais les cent années passèrent et personne ne me délivra. Quand j'entrai dans la seconde période de cent années, je me dis : "Je découvrirai et donnerai les trésors de la terre à celui qui me délivrera !" Mais personne ne me délivra. Alors je me suis mis dans une effroyable colère et je dis en mon âme :

"Maintenant je tuerai celui qui me délivrera, mais je lui accorderai le choix de sa mort !" C'est alors que toi, ô pêcheur, tu vins me délivrer. Et je t'accorderai de choisir ton genre de mort !"

À ces paroles de l'éfrit, le pêcheur dit :

- Ô Allah ! Quelle chose prodigieuse ! Il a fallu que ce fût juste moi qui l'aie délivré ! Ô éfrit, fais-moi grâce et Allah te le rendra ! Mais, si tu me fais périr, Allah te suscitera quelqu'un pour te faire périr à ton tour.

Alors l'éfrit lui dit :

- Mais si je veux te tuer, c'est justement parce que tu m'as délivré !

Et le pêcheur dit :

- Ô cheikh des afarit, est-ce ainsi que tu me rends le mal pour le bien ? Aussi le proverbe ne ment point !

Et le pêcheur récita des vers sur ce sujet :

"Veux-tu goûter à l'amertume des choses ?
Sois bon et serviable.
Oui, je te le jure sur ma vie !
Les scélérats ignorent toute gratitude.
Si tu le veux, essaie !
Et ton sort sera celui de la pauvre Magir, mère d'Amer !"

Mais l'éfrit lui dit :

- Assez abusé des paroles ! Sache qu'il me faut absolument ta mort !

Alors le pêcheur se dit en lui-même : "Moi, je ne suis qu'un homme, et lui est un genni ; mais Allah m'a donné une raison bien assise ; aussi je vais arranger une combinaison pour le perdre, un stratagème de ma finesse. Et je verrai bien si lui, à son tour, pourra combiner quelque chose avec sa malice et son astuce."

Alors il dit à l'éfrit :

– As-tu vraiment décidé ma mort ?

L'éfrit répondit :

– N'en doute point.

Alors il dit :

– Par le nom du Très-Haut, qui est gravé sur le sceau de Soleïman, je te conjure de répondre avec vérité à ma question !

Quand l'éfrit entendit le nom du Très-Haut, il fut ému et très frappé, et répondit :

– Tu peux me questionner et je te répondrai avec vérité.

Alors le pêcheur dit :

– Comment as-tu pu être contenu tout entier dans ce vase qui peut à peine contenir ton pied ou ta main ?

L'éfrit dit :

– Est-ce que, par hasard, tu douterais de la chose ?

Le pêcheur répondit :

– En effet, je ne le croirai jamais, à moins de te voir de mon propre œil entrer dans le vase ! [...]

L'éfrit s'agita, se secoua et redevint une fumée qui monta jusqu'au firmament, se condensa et commença à entrer dans le vase, petit à petit jusqu'à la fin. Alors le pêcheur prit rapidement le couvercle de plomb empreint du sceau de Soleïman et en obstrua l'orifice du vase.

Puis il héla l'éfrit et lui dit :

– Hé ! estime et pèse le genre de mort dont tu préfères mourir, sinon je vais te jeter à la mer, et je me bâtirai une maison sur le rivage et j'empêcherai quiconque de pêcher, en disant : ici il y a un éfrit ; délivré, il voudra tuer son libérateur et lui énumérera les variétés de mort pour lui en laisser le choix !

Quand l'éfrit entendit les paroles du pêcheur, il essaya de sortir, mais il ne le put ; et il vit qu'il était emprisonné, avec, au-dessus de lui, le sceau de Soleïman. Il comprit alors que le pêcheur l'avait enfermé dans le cachot contre lequel ne peuvent prévaloir ni les plus faibles ni les plus puissants parmi les afarit ! Et, comprenant que le pêcheur le portait du côté de la mer, il dit :

– Non ! non !

Et le pêcheur dit :

– Il faut ! Oh il faut !

Alors le génie commença à adoucir ses termes ; il se soumit et dit :

– Ô pêcheur, que vas-tu faire de moi ?

Il dit :

– Te jeter à la mer ! Car, si tu y as séjourné mille huit cents ans, moi je vais t'y fixer jusqu'à l'heure du jugement ! Car ne t'ai-je pas prié de me conserver pour qu'Allah te conservât ? et de ne pas me tuer pour qu'Allah ne te tuât point ? Or tu as repoussé ma prière, et tu as agi avec scélératesse ! Aussi Allah t'a livré entre mes mains. Et je n'ai nul remords de te trahir ! [...]

[...] Alors l'éfrit s'écria :

– Par Allah sur toi ! ô pêcheur, ne le fais pas !

Le pêcheur dit :

– Oh, non ! Il faut absolument que je te jette à la mer, sans qu'il puisse te rester un moyen d'en sortir ! Lorsque je t'implorais et que j'avais recours à toi, tu ne souhaitais que ma mort sans que j'eusse commis ni une faute à ton égard ni une bassesse quelconque ; et je ne t'ai fait que du bien, car je t'ai libéré du cachot. Aussi lorsque tu t'es ainsi comporté avec moi, j'ai compris que tu étais d'une race mauvaise d'origine. Or, sache bien que je ne vais te jeter à la mer que pour aviser de ton cas quiconque essayerait de te retirer, et il te rejettera une seconde fois, et alors tu séjourneras dans cette mer jusqu'à la fin des temps pour goûter tous les genres de supplices !

L'éfrit lui répondit :

– Relâche-moi, car c'est maintenant le temps de te raconter l'histoire. D'ailleurs, je te promets de ne jamais plus te faire de mal, et je te serai d'une grande utilité dans une affaire qui t'enrichira pour toujours.

Alors le pêcheur prit acte de cette promesse que, s'il le délivrait, l'éfrit ne lui ferait plus jamais de mal, mais lui rendrait service. Puis lorsqu'il se fut fermement assuré de sa foi et de sa promesse, et qu'il lui eut fait prêter serment sur le nom d'Allah Tout-Puissant, le pêcheur ouvrit le vase. Alors la fumée se mit à monter jusqu'à ce qu'elle fût sortie complètement ; et elle devint un éfrit épouvantable de laideur quant à la figure. L'éfrit donna un coup de pied au vase et le jeta dans la mer. Lorsque le pêcheur vit le vase prendre le chemin de la mer, il fut certain indubitablement de sa propre perdition, il urina dans ses vêtements et dit :

– Ce n'est vraiment pas là un bon signe !

Puis il essaya de se raffermir le cœur et dit :

– Ô éfrit, Allah le Très-Haut a dit : il vous faut tenir le serment, car il vous en sera demandé compte ! Or, toi, tu m'as promis et juré que tu me trahiras pas. Si donc tu me trahis, Allah te punira, car il est jaloux ! et s'Il est patient, Il n'est pas oublieux ; conserve-moi et Allah te conservera !

À ces paroles, l'éfrit se mit à rire, et marcha devant lui, et dit :

– Ô pêcheur, suis-moi !

Et le pêcheur se mit à marcher derrière sans trop croire à son salut, et ainsi ils sortirent complètement de la ville et la perdirent de vue, et montèrent sur une montagne, et descendirent dans une vaste solitude au milieu de laquelle se trouvait un lac. Alors l'éfrit s'arrêta et ordonna au pêcheur de jeter son filet, et, l'ayant retiré, il y vit quatre poissons, chaque poisson de couleur différente. À cette vue, il se réjouit, et l'éfrit lui dit :

– Entre avec ces poissons chez le sultan et offre-les-lui, et il te donnera de quoi t'enrichir. Et maintenant, par Allah ! veuille bien agréer mes excuses, car maintenant j'ai oublié les bonnes manières depuis le temps que je suis dans la mer, voici déjà près de mille huit cents ans, sans voir le monde à la surface de la terre ! Quant à toi, tu viendras tous les jours pêcher ici, mais rien qu'une fois ! Et maintenant, qu'Allah te tienne sous Sa protection !

Sur ce, l'éfrit frappa de ses deux pieds la terre, qui s'entrouvrit et l'engloutit.

Le pêcheur devint par la suite l'homme le plus riche de son temps, et chacune de ses deux filles épousa un roi.

"Djinn",
Stuttgart, 1838.

INDE

LE RÂKCHASA, LE VOLEUR ET LE SINGE

Le râkchasa est un génie malfaisant, qu'on représente de diverses manières. Tantôt c'est un géant ennemi des dieux, tantôt c'est un gardien des trésors du dieu Kouvéra, ou bien c'est une espèce de vampire hantant les cimetières, animant les corps morts, et dévorant les vivants. Les râkchasas prennent la forme qu'ils veulent et viennent sans cesse troubler les sacrifices. Ils sont souvent représentés comme des créatures grotesques et velues avec les pieds tournés en dedans. Ils incarnent les forces du mal et s'en prennent aussi bien aux dieux qu'aux hommes.

Avec les râkchasas d'Inde se retrouvent plusieurs caractéristiques des lutins : le pouvoir de métamorphose, le lien avec les chevaux, animaux appartenant à la fois au monde des hommes et à celui des esprits, et le désir de séduire les femmes.

Il était dans une ville un roi nommé Bhadraséna *. Il avait une fille remplie de toutes les marques de distinction,

* Qui a une excellente armée. *(N.d.T.)*

"Râkchasas aux pieds tournés en dedans", École de Pahari, Basohli, vers 1710.

nommée Ratnavatî * qu'un râkchasa voulait enlever. Celui-ci venait la nuit, et toujours il jouissait d'elle ; mais comme elle était entourée d'une garde du corps, il ne pouvait pas l'enlever. Au moment où elle avait commerce avec lui, elle était prise de tremblements et de fièvre. Un jour le râkchasa se tint dans un coin de la maison et se montra à la fille du roi qui dit à son amie :

– Amie, regarde ! à l'heure du crépuscule, ce râkchasa vient toujours et me tourmente. Y a-t-il quelque moyen d'empêcher ce méchant ?

Quand le râkchasa entendit cela, il pensa :

– Sûrement, un autre individu, nommé Crépuscule, vient toujours comme moi pour l'enlever. En conséquence, je vais me mettre dans un cheval, et j'observerai quelle figure a cet individu et quelle est sa force.

* Qui a des joyaux. *(N.d.T.)*

Après que cela fut fait, un voleur de chevaux s'introduisit, au milieu de la nuit, dans la maison du roi. Il regarda tous les chevaux, et comme il vit que le cheval râkchasa était le plus beau, il lui mit un bridon dans la bouche et le monta. Cependant le râkchasa pensa :

– C'est sûrement l'individu nommé Crépuscule ; il me regarde comme un méchant et de colère il est venu pour me tuer. Que dois-je donc faire ?

Pendant qu'il réfléchissait ainsi, le voleur de chevaux lui donna un coup de fouet et le râkchasa se mit à courir, le cœur tremblant de crainte. Le voleur chercha à l'arrêter en tirant le bridon comme on fait pour un cheval mais le râkchasa ne fit qu'aller de plus en plus vite. Alors, quand le voleur vit qu'il n'y avait pas moyen de l'arrêter, il pensa :

– Ah ! il n'y a point de chevaux de cette sorte ; ce doit sûrement être un râkchasa sous la forme d'un cheval. Par conséquent, si je vois quelque terre poudreuse, je m'y jetterai à bas. Je ne puis pas autrement conserver la vie.

Pendant qu'il réfléchissait ainsi et se rappelait sa divinité protectrice, le râkchasa à forme de cheval alla sous un figuier. Le voleur y grimpa et s'attacha à une branche. Ainsi séparés, ils se crurent sauvés et éprouvèrent tous deux la plus grande joie. Or, sur ce figuier il y avait aussi un singe, ami du râkchasa. Quand il vit le râkchasa s'enfuir, il dit :

– Hé ! pourquoi te sauves-tu ainsi par fausse crainte ? C'est un homme, tu peux le manger. Dévore-le donc.

Lorsque le râkchasa entendit les paroles du singe, il reprit sa propre forme et s'en retourna à pas chancelants, la crainte dans le cœur. Mais quand le voleur vit le singe appeler le râkchasa, il fut pris de colère et mordit de toutes ses forces la queue du singe qui pendait au-dessus de lui. Le singe le crut plus fort que le râkchasa même, et ne dit rien, de peur ; seulement, comme il souffrait, il ferma les yeux et serra les dents. Le râkchasa, quand il le vit dans cet état, récita ce *sloka* * : Telle que l'on voit l'ombre de ton visage, ô singe ! Crépuscule t'a saisi ; celui qui fuit conserve la vie **.

* Stance. *(N.d.l'É.)*

** Traduit du sanskrit en 1871 par E. Lancereau, ce texte nous a paru contenir quelques tournures obscures, probablement dues à une traduction assez littérale. Nous y avons apporté quelques modifications de style qui n'en changent pas la tonalité générale. *(N.d.l'É.)*

ARMÉNIE

LES ESPRITS DES MALADIES

Les paysans arméniens croient qu'il existe des esprits des maladies. Ceux-ci sont de petite taille, et se couvrent de chapeaux triangulaires ; ils tiennent dans les mains trois rameaux de couleur blanche, rouge et noire. S'ils frappent quelqu'un avec le rameau blanc, la personne tombera malade, mais guérira bientôt ; si c'est avec le rouge, elle gardera le lit longtemps ; mais si c'est avec le noir, alors tout est fini pour elle et rien ne peut la guérir. Les esprits ont des livres où sont écrits les noms des hommes qui doivent mourir ou tomber malades et les jours fixés, et ces esprits agissent d'après ces livres.

Le peuple croit aussi qu'il y a un esprit appelé Écrivain (Grogh) qui écrit les noms des hommes et la date de leur mort dans un livre nommé "Cahier des non-existants". C'est le culte du dieu Tir des Arméniens païens, identifié avec Hermès.

Voici une des nombreuses légendes nationales sur les esprits des maladies.

Un jour Dieu envoya les esprits des maladies à une ville, en leur donnant un livre, selon lequel, ils devaient faire tomber malades ou mourir les hommes dont les noms étaient inscrits dans le livre. Dans la rue, ils se sentaient faim. La Fièvre dit à ses compagnons :

– Attendez ici, j'irai chercher un mouton auprès de ce berger.

Ils y consentirent et il (en arménien Fièvre est masculin) va auprès du berger.

– Bonjour, berger, dit la Fièvre.

– Bonjour, mon frère, répond le berger.

– Donne-moi un mouton, exige la Fièvre.

– Qui es-tu, toi qui m'ordonnes, répond le berger étonné.

– Je suis la Fièvre, et quand je prends quelqu'un, il perd la mémoire pendant sept ans.

– Ne te vante pas, mon ami, je sais le remède de ta maladie.

– Quel est-il ?

– Je trairai la brebis, je mettrai le lait sous les astres, et le matin je le prendrai à jeun ; va-t'en, je n'ai pas peur de toi.

La Fièvre s'en alla et raconta à ses compagnons que le berger lui avait refusé son mouton parce qu'il connaissait le remède de sa maladie. Alors Typhus y alla, mais à peine se fut-il présenté, que le berger dit en se moquant de lui :

– Je couperai mes ongles, je mettrai mes pieds dans l'eau chaude, je me couvrirai soigneusement ; alors je serai en sueur et je guérirai.

Le Typhus s'en alla aussi et alors la Peste vint. Cette fois le berger eut peur et lui donna un bon mouton. Mais la Peste l'obligea à amener le mouton chez ses camarades.

– Voyez comme je l'ai fait venir, dit la Peste en se vantant.

- Amis, dit le berger, vous avez pris mon mouton, dites-moi au moins qui êtes-vous vraiment.

- Nous sommes des esprits des maladies, disent-ils. Dieu nous a donné ce cahier et envoyés dans cette ville, pour faire tomber malades ou faire mourir ceux qui sont inscrits dans ce cahier.

- Dites-moi, s'il vous plaît, est-ce qu'il est écrit que je tomberai aussi malade ou que je mourrai ?

Les esprits regardèrent le cahier et lui dirent :

- Ton nom n'est pas écrit dans le cahier, et tu n'es pas destiné à tomber malade ou à mourir.

- Alors, chers amis, répond le berger, excusez, je ne peux pas vous laisser mon mouton, entre vous tous vous ne pouvez me faire aucun mal.

Et en disant cela, il prend son mouton et s'en va. Les esprits le regardèrent avec colère, mais ils ne purent rien lui faire.

CHINE

L'AVENTURE D'UN LETTRÉ

Jadis, la Terre du Milieu se nommait le "Continent des Esprits", et elle a toujours été peuplée d'une myriade d'êtres, doués de puissance surnaturelle, qui ne se distinguent les uns des autres que par l'étendue de leur pouvoir. D'après le Zuozhuan *(IIIe siècle), "les esprits ont l'ouïe fine et la vue perçante ; ils sont droits et justes et sans duplicité ; ils traitent les hommes suivant leurs mérites". Au XVIIe siècle, le lettré P'ou Song-Ling s'est fait le chroniqueur de ce monde surnaturel. "Avec ma pauvre lumière de ver luisant d'automne, écrit-il, je m'affronte aux farfadets du grand âge. Je ne suis qu'un grain de poussière dans un rayon de soleil, une plaisanterie des esprits. Je charge mes amis d'écrire pour moi les histoires qu'ils connaissent, et je leur donne la forme d'un conte"... "Il me semble que les seuls qui me comprennent, ce sont les ombres qui traversent les bois lorsque le soir tombe et les lisières des forêts que recouvre la nuit." (extrait de sa préface de 1679). Ainsi, P'ou Song-Ling a consacré une partie de sa vie à composer un recueil de nouvelles, où le merveilleux se mêle inextricablement aux détails les plus réalistes.*

Un jour, un lettré, en chemin vers Nan-King, où il était convoqué à l'examen officiel, s'arrêta à Souch'ien ; il fit la connaissance de trois habitants de ce village, des lettrés comme lui-même. Il fut à ce point conquis par le raffinement de leur langage qu'il se procura du vin et les invita tous les trois à venir le boire en sa compagnie. Ces derniers acceptèrent avec plaisir et se présentèrent alors : le premier s'appelait Ch'ieh ch'iou-hêng, le second, Ch'ang Feng-lin et le troisième Ma hsi-ch'ih.

Ensemble ils burent sec et bien, et les heures s'écoulèrent si gaiement que le soir tomba sans qu'ils l'aient vu venir. Ch'ieh dit alors à leur hôte :

– Nous, qui sommes ici chez nous, voilà que nous avons festoyé aux frais d'un étranger. Cela n'est pas bien. Ma maison est tout près d'ici. Venez, vous y trouverez un lit pour passer la nuit.

Ch'ang et Ma se levèrent aussitôt, prirent notre héros sous les bras et dirent à son serviteur de les suivre. Au pied des collines qui s'étendaient au nord, ils arrivèrent dans une maison entourée de jardins. Un ruisseau s'écoulait devant la porte et, à l'intérieur, les appartements étaient confortables et décorés avec un goût parfait ; Ch'ieh donna l'ordre d'allumer les lampes et de veiller à ce que le serviteur de son invité ne manquât de rien. Ma fit ensuite observer que, suivant l'ancienne coutume, il convenait d'offrir à un hôte des nourritures intellectuelles avant de lui en servir des terrestres :

– Ne gaspillons point la douceur de ces heures vespérales et occupons-les le mieux possible. Je vous propose de choisir quatre thèmes, nous nous pencherons ensuite sur les problèmes posés par les bouteilles lorsqu'elles sont encore pleines.

La proposition fut acceptée aussitôt. Chacun écrivit un sujet sur un morceau de papier et le déposa sur la table. Puis ils se les distribuèrent au hasard et, avant que le veilleur de nuit n'ait sonné la deuxième veille, tous les essais terminés furent soumis au jugement collectif. Notre lettré fut à ce point frappé de l'élégance et de la vigueur de style des compositions de ses trois nouveaux amis, qu'il les recopia et mit la feuille dans la poche de son habit.

Après quoi, le maître de maison servit un vin, excellent au demeurant. Tous l'apprécièrent avec tant de conviction qu'ils furent bientôt raisonnablement ivres. Ma et Ch'ang prirent congé. Ch'ieh conduisit alors son hôte dans une autre pièce de la maison et le laissa se coucher, ce qu'il fit aussitôt, sans même prendre le temps de se déshabiller tant l'alcool chantait dans sa tête. Quand il se réveilla, le soleil était déjà haut dans le ciel. La maison et ses jardins avaient disparu. Il était couché dans un vallon herbeux, non loin de son serviteur qui dormait encore. Très inquiet, il réveilla ce dernier. Tous deux se levèrent et découvrirent non loin de là, au flanc de la colline, une caverne devant laquelle coulait un ruisseau. De plus en plus étonné, le lettré fouilla ses poches et y retrouva bien la feuille sur laquelle il avait recopié les trois essais de ses amis de la nuit passée.

Le lettré et son serviteur redescendirent au village où ils interrogèrent les gens ; ils apprirent ainsi que l'endroit d'où ils venaient s'appelait la grotte des trois génies ; ces derniers étaient bien connus dans le pays sous les noms respectifs de "Crabe", "Serpent" et "Grenouille". C'étaient des créatures surnaturelles qui sortaient souvent de leur caverne pour se promener dans la campagne et, de temps à autre, ils se rendaient visibles.

Plus tard, à Nan-King, le héros de cette histoire pénétra dans la salle où se déroulaient les épreuves et découvrit, à sa grande stupéfaction, que les trois sujets proposés étaient exactement ceux que les génies avaient traités ; et il fut reçu premier de tous les candidats à l'examen.

LA FRESQUE

*À l'origine, les Apsaras de l'Inde étaient des nymphes aquatiques et des filles de plaisir ; en effet, après leur création, lors du barratage de l'océan de lait, aucune divinité n'avait voulu les prendre pour épouses, malgré leur grande beauté. Il fut donc décidé qu'elles seraient les femmes de tous, sans distinction. Elles devinrent ensuite des esprits célestes, célèbres pour leurs danses et leurs chants magnifiques qui inspirent de la passion aux dieux comme aux hommes. Ces génies intermédiaires du Panthéon védique *, supérieurs aux hommes mais inférieurs aux dieux, sont chargés de la surveillance de la Nature, et on accomplit des rites pour solliciter leurs faveurs. Ces créatures ambiguës ont encore inspiré P'ou Song-Ling, pour notre plus grand plaisir :*

* Ensemble des divinités de l'Inde ancienne. *(N.d.l'É.)*

Meng Loung-t'an et Tchou Hiao-kien étaient deux jeunes lettrés du Kiang-si qui se rendaient de compagnie à la capitale. Chemin faisant, ils visitaient les monuments anciens et curieux. C'est ainsi qu'ils remarquèrent un jour, à quelque distance de la route, une pagode bouddhique :

– Elle a l'air bien pauvre, dit Meng.

– On y signale des peintures remarquables, répondit Tchou qui aimait les arts.

Ils se dirigèrent donc de ce côté. C'était une petite chapelle, humble à voir avec son toit délabré. Mais déjà un vieux bonze, qui les avait aperçus par les interstices de la tenture baissée devant la porte, s'avançait vers eux en rajustant les haillons dont il était couvert, et leur offrait ses services. Ils entrèrent à sa suite dans le sanctuaire et furent éblouis.

Au milieu, la statue de l'un des Boddhisatvas ou Bouddhas futurs, Tcheu-Koung, au visage brillant comme un miroir. Aux murs, de part et d'autre, des peintures à fresque d'un éclat merveilleux, et d'une vérité qui leur donnait les apparences de la vie. Du côté de l'est, on voyait les Filles du ciel, que les Hindous appellent Apsaras, et qui sont chargées de répandre les fleurs de la Réincarnation. Ces fleurs descendent de ciel en ciel et quand elles atteignent un Boddhisatva tombent jusqu'à terre pour donner naissance au corps de sa dernière existence ; mais les Grands Disciples les arrêtent au passage, parce que leur temps d'épreuve est terminé.

Le vieux bonze donnait ces explications à Meng, mais déjà Tchou ne les entendait plus que comme un murmure, perdu dans la contemplation d'une des Apsaras : les cheveux tombant sur les épaules à la façon des jeunes filles de la terre, elle tenait au bout des doigts ses fleurs, et souriait à peine. Ses lèvres roses comme une cerise, semblaient sur le point de parler, ses yeux de laisser filtrer leurs regards. Et voilà que tout à coup, par l'effet de la force spirituelle, Tchou se sentit soulevé dans les airs et porté jusqu'à la muraille.

Devant lui s'étendaient, à perte de vue, pagodes et tourelles, sans aucune ressemblance avec celles de ce monde. Un vieux bonze, sur sa chaire, la manche droite laissant le bras nu selon l'usage, prêchait devant un nombreux auditoire. Tchou se mêla, pour l'écouter, à la foule, mais presque aussitôt il se sentit doucement tiré par le pan de sa robe. Il se retourna vivement : c'était la Fille du ciel aux cheveux dénoués qui déjà s'en allait en lui souriant de côté. Il la suivit. Passant une barrière, elle entra dans un petit pavillon. Tchou n'osait aller plus loin. Elle s'en aperçut, et tournant la tête, elle éleva les fleurs qu'elle tenait en ses mains, comme pour lui faire signe de venir.

Ils étaient seuls dans le pavillon. Il la prit par la taille. C'est à peine si elle tenta de lui résister. En un instant, il était parvenu au comble du bonheur. Elle partit en l'enfermant, non sans lui recommander de ne pas faire de bruit jusqu'à son retour.

Elle revint le lendemain. Mais elle n'avait pas encore refermé la porte que ses compagnes, les autres Apsaras, envahissaient la chambre en un joyeux tumulte. Tchou se cacha bien vite sous le lit, mais elles n'eurent pas de peine à l'y apercevoir.

– Sera-ce une fille ou un garçon ? disaient-elles. Et qu'est-ce que ces cheveux bouclés, bons pour une jeune fille ? Voilà des épingles pour en faire un chignon comme en portent les femmes mariées.

La petite ne répondait rien, toute confuse. Une de ses camarades eut pitié d'elle :

– Ne restons pas trop, nous serions indiscrètes.

Elles partirent toutes comme elles étaient venues, avec de grands éclats de rire.

Tchou, sortant de sa cachette, vit son amie coiffée d'un haut chignon et de deux coques en ailes de phénix et la trouva plus jolie encore. Elle était seule. Cette fois il la provoqua doucement au plaisir, en goûtant les délices d'un secret parfum de musc. Ils n'étaient pas encore au terme de la félicité, qu'au dehors un bruit de bottes et un fracas de chaînes se faisaient entendre, mêlés à un murmure de voix indistinctes. La Fille du ciel se leva d'un bond, et tous deux regardant par une fente de la porte, aperçurent un Gardien céleste, cuirassé d'or, au visage d'un noir de laque, agitant des paquets de chaînes. Les Apsaras se pressaient autour de lui.

– Êtes-vous toutes là ? demandait-il.

– Oui, oui, répondaient-elles.

– C'est que si, d'aventure, une de vous cachait un être du monde inférieur, tous deux auraient la tête tranchée sans merci.

– Mais non, mais non, s'écrièrent-elles d'une voix.

Le Gardien, cependant, revenait sur ses pas, l'air inquiet et soupçonneux. Pâle comme une morte, la Fille du ciel dit en tremblant à son compagnon :

– Cachez-vous vite !

Et, ouvrant une lucarne, au haut de la cloison, elle s'y glissa et disparut.

Tchou, caché de nouveau sous le lit, retenait son souffle. Il entendit, terrifié, les lourdes bottes s'approcher, sonner sur le parquet de la chambre, sortir, s'éloigner. Il reprit alors un peu de courage, mais, au dehors, il y avait toujours des allées et venues, des voix confuses. Courbé en deux, il avait des bourdonnements dans les oreilles et du feu dans les yeux. Il n'y pouvait plus tenir, quand il entendit distinctement ces mots :

– À force d'attendre le retour de son amie, il ne sait plus d'où il est venu lui-même.

Pendant ce temps-là, Meng Loung-t'an, jetant un regard en arrière, s'était aperçu, à sa grande surprise, de la dispa-

"Immortelle"
d'après Qian Xuan, XIIIe siècle.

rition de son ami. Il interrompit le discours du bonze pour le prendre à témoin de cette absence extraordinaire.

– Il est allé au prêche, répondit l'autre, avec un singulier sourire.

– Quel prêche ? Où cela ?

– Pas loin d'ici.

Se rapprochant du mur, il y heurta du doigt en appelant Tchou par son nom.

– Bon seigneur Tchou, où vous attardez-vous ainsi ?

Alors on vit paraître le jeune homme dans la peinture, immobile, la tête penchée, prêtant l'oreille. Le bonze reprit :

– Venez donc, vous faites attendre votre ami.

Tchou se détacha du mur et vint s'abattre auprès d'eux, étourdi, chancelant : au moment où le bonze frappait le mur, il avait entendu comme un coup de tonnerre qui l'avait brusquement tiré de sa retraite.

Quand il se retrouva sur le sol, son premier regard fut pour la Fille du ciel. Ô prodige ! Elle n'avait plus les cheveux répandus sur les épaules ; ils étaient relevés en un haut chignon, avec deux coques en ailes de phénix sur les tempes. Tout haletant, il la désigna du doigt au bonze qui se contenta de répondre, en souriant encore :

– L'homme fait le miracle à sa mesure. Quant à vous l'expliquer, ce n'est pas mon affaire.

Tchou sortit de la chapelle en s'appuyant au bras de son ami, à peine moins effrayé que lui, et demeura longtemps comme absent de soi-même.

THAÏLANDE
(Siam)

LES "PHIS" DES SALAS *

"Les habitants du Laos ou Laotiens du Siam sont bouddhistes de nom, et possèdent des moines et des pagodes avec des statues de Bouddha ; malgré cela, on prétend qu'ils témoignent un plus grand respect aux esprits et aux démons qu'à ces idoles. On peut dire que le Thay vit en rapport constant avec le monde invisible. Il n'y a peut-être pas un seul acte de sa vie qui ne soit réglé par quelque croyance religieuse. Il a deux cultes, celui des esprits et celui des morts ; toutefois c'est à peine si on peut les distinguer l'un de l'autre, attendu que les morts deviennent esprits par le fait même de leur mort. Indépendamment des démons qui habitent l'enfer, les Siamois reconnaissent des diables d'autres espèces disséminés dans l'air : ils les appellent phi ; ce sont, disent-ils les démons qui font du mal aux hommes et qui apparaissent quelquefois sous des formes terrifiantes. Ils mettent sur le compte de ces esprits

* La "sala" est une construction sur piliers ou pilotis élevée sur les bords des voies de communication et destinée à servir de refuge et d'asile aux voyageurs. *(Note du collecteur)*

malins toutes les calamités qui s'abattent sur le monde. Si une mère perd son enfant, c'est un phi qui est cause de cette catastrophe ; si un malade se trouve dans un état désespéré, c'est un phi qui en est responsable. Pour l'apaiser, ils l'invoquent et lui font des offrandes qu'ils vont accrocher dans des endroits déserts".

Les "Phi" des salas ne semblent pas aussi terribles que l'annonce le collecteur dans la note ci-dessus. Plus facétieux que méchants, ils récompensent ceux qui les honorent et punissent ceux qui les consultent par vénalité. Proche de certaines versions des deux bossus, cette amusante histoire prouve que les peuples du monde ont bien des pensées communes.

Un brave paysan avait une dévotion particulière pour les génies d'une "sala" qui se trouvait auprès d'un chemin traversant une forêt. Chaque fois qu'il passait devant la niche en bois fixée à l'un des poteaux il ne manquait jamais de la garnir de riz blanc et de cocos frais.

Or, il arriva qu'au retour d'un voyage à la ville, il fut surpris par la nuit au milieu de la forêt. Malgré l'obscurité, il put se guider tant bien que mal jusqu'à la "sala", et il y monta pour dormir. Le sommeil ne tarda pas à venir, mais bientôt il fut réveillé par des voix mystérieuses qui lui apprirent qu'à la clairière de la forêt, au pied d'un arbre gigantesque dont elles lui firent la description, il trouverait, en creusant le sol à une certaine profondeur, une jarre remplie de pièces d'or. Le bonhomme s'étant levé dès la pointe du jour, courut chez lui prendre une pioche, puis il se rendit au pied de l'arbre désigné et il eut bientôt la satisfaction de mettre à découvert la jarre pleine d'or.

En apprenant cette trouvaille, un de ses voisins se promit d'en faire autant, puisqu'il ne s'agissait que de se faire indiquer le lieu favorable par les "Phi" de la "sala". Sa résolution prise, il s'y rendit la nuit. Arrivé là, sans cérémonie, il se coucha, comptant bien que les "Phi" lui révéleraient quelque trésor. Mais à peine était-il étendu sur le plancher qu'il se sentit violemment tiré par le nez ; il y porta instinctivement la main. Horreur ! son nez s'était démesurément allongé et ressemblait à une trompe d'éléphant. Effrayé, il se leva et, roulant son nez autour de sa tête à la façon d'une queue chinoise, il courut vers sa demeure. Là, en mesurant son nez, il trouva qu'il s'était allongé d'une brasse. Tout le village rit bien de son aventure. L'embarras pour lui fut de trouver un remède qui pût faire rentrer cet appendice dans ses limites naturelles. Ne sachant à quel "Phi" se vouer, il s'adressa à son voisin, l'homme au trésor, et le supplia de lui trouver un remède, lui qui jouissait de la faveur des génies.

Le bon paysan, touché du malheur arrivé à ce pauvre homme, promit son intercession, et un jour qu'il revenait de la ville, passant devant la "sala", il y monta pour passer la nuit. Pendant son sommeil, il fut de nouveau réveillé par les "Phi" qui lui apprirent cette fois que pour guérir et raccourcir le nez du mécréant qui était venu les déranger, il n'avait qu'à le frotter avec des feuilles d'un certain arbre, celui-là même au pied duquel il avait déterré le trésor.

Le jour venu, le bonhomme cueillit une poignée des feuilles de l'arbre désigné. Arrivé à la maison, il en frotta le nez de son voisin, et petit à petit le nez revint à sa longueur naturelle.

MONGOLIE

LE NEZ À TUBERCULES *

Il y a bien longtemps déjà, deux frères vivaient alors dans une ville de l'Inde occidentale. L'aîné était pauvre et ne possédait rien. Aussi les gens ne lui témoignaient-ils que bien peu d'estime. Il s'efforçait péniblement de gagner sa vie, en vendant du bois et des légumes. Son frère cadet, au contraire, était riche. Mais il se souciait bien peu de l'aîné et ne songeait pas à lui venir en aide. Au contraire, la pauvreté de ce dernier, loin de toucher son cœur, ne faisait qu'irriter son orgueil. Aussi ne lui témoignait-il que du mépris.

Un jour, le jeune frère assembla chez lui une brillante société et, à cette occasion, fut ordonné un magnifique banquet. Il se garda bien d'inviter son frère et le priva ainsi de sa part de réjouissances.

Sa belle-sœur éprouva de cet affront un profond dépit.

– Hélas, dit-elle à son mari, il vaudrait mieux que tu meures. Tu le vois, non seulement ton frère te refuse toute

* D'après le collecteur, J. Nippgen, ce conte d'origine italienne serait parvenu aux Mongols par l'intermédiaire du bouddhisme. C'est probablement la raison pour laquelle on y retrouve le motif du nez en même temps qu'une similitude avec "Les deux bossus". *(N.d.l'É.)*

assistance, mais il pousse l'indifférence à ce point que tu te trouves privé de la part légitime qui te revenait à cette fête.

– Tu as raison, femme, reprit le mari ; je ne puis survivre à un tel affront ; l'heure de ma mort est arrivée.

Disant ces paroles, il saisit sa cognée et une corde et s'éloigna de son logis. Il marcha longtemps. Après avoir gravi et descendu de nombreuses montagnes, il arriva à la lisière d'une épaisse forêt. Une rivière coulait au travers de cette dernière. Sur l'une des rives, il aperçut une quantité de bêtes féroces : des lions, des tigres et d'autres animaux semblables. Il continua son chemin, remontant la rivière vers sa source. Tandis qu'il allait toujours, il aperçut soudain, non loin d'un rocher escarpé, une troupe nombreuse de Dâknis. Ces génies ailés se livraient à leurs ébats : dansant, chantant, s'élevant ou venant se poser sur les rochers, tandis que retentissaient les éclats d'une musique bruyante. Bientôt, un des génies ailés s'éleva du milieu de la troupe. Il se dirigea vers une caverne et en rapporta un sac. En présence de tous, ce sac fut ouvert, et le génie, qui était allé le chercher, en retira un marteau de fer. À l'aide de cet instrument, il commença à frapper le sac. Aussitôt s'échappèrent de ce dernier des objets des plus divers : des aliments, des vêtements, etc.. Bref, tout ce que l'on pouvait souhaiter sortait du sac merveilleux. La troupe nombreuse des esprits se livra à un splendide banquet. Puis, du sac enchanté furent encore retirés de l'or, de l'argent, et mille autres objets précieux : des diadèmes merveilleux, de brillantes ceintures de soie aux couleurs chatoyantes, et bien d'autres merveilles encore. Après s'être parés de toutes ces richesses, les Dâknis s'adonnèrent à la danse et à d'autres divertissements aussi multiples que variés. Enfin ils se dispersèrent et disparurent dans les airs.

Le Dâkni ailé qui, au début de ces réjouissances, était allé chercher le sac dans la grotte, le reporta au même lieu du rocher. Puis, il disparut dans les airs comme les autres génies, accompagné par les sons d'une bruyante harmonie.

Tandis que tous ces événements étranges s'écoulaient, le jeune frère s'était bien gardé de se montrer. Mais, lorsque la troupe entière des génies eut disparue, il se hasarda alors vers la place où ces derniers s'étaient réunis. Ce lieu ne présentait plus aucune trace des événements étranges qui venaient de s'y accomplir : le banquet, les réjouissances, tout s'était évanoui comme par enchantement. Il ne tarda pas toutefois à apercevoir le rocher, sur lequel les génies avaient posé le sac. À l'aide d'une échelle construite avec quelques arbres abattus, il parvint à gravir le sommet du roc et atteignit le sac qui s'y trouvait placé. Ouvrir ce dernier, en retirer le marteau, ce fut l'affaire d'un instant. Il se mit alors à frapper avec le marteau tout en songeant : "Si les mets auxquels il ne m'est permis que de penser pouvaient seulement apparaître". À peine eut-il exprimé cette pensée que son souhait se trouva réalisé. Le malheureux apaisa aussitôt la faim cruelle qui le torturait. Après s'être complètement restauré, il reprit le chemin de sa demeure. Il n'avait pas manqué d'emporter avec lui le sac et le marteau.

Il y avait si longtemps déjà qu'il avait quitté sa maison que sa femme le tenait bel et bien pour mort.

- Ne te lamente pas pour moi, lui dit-il ; non seulement je reviens, mais encore j'apporte avec moi certains objets qui nous aideront à supporter plus aisément la vie.

En disant ces mots, il mit le sac dans les mains de sa femme. Aussitôt celle-ci l'ouvrit, et quelle ne fut pas sa stupéfaction de le trouver rempli de richesses et de mets des plus divers. Le sac en renfermait autant qu'il lui eût été possible d'en souhaiter.

Devenus riches, par cette fortune inespérée, le mari et la femme renoncèrent à leur commerce de bois et de légumes. Une vie d'aisance et de bonheur s'ouvrait maintenant devant eux, qui jusqu'alors avaient été si misérables.

Toutefois, cette aisance survenant si opinément, le bonheur et la joie de ces gens n'étaient pas sans intriguer profondément nombre de leurs voisins. On commença à s'enquérir de l'origine de leur fortune, les mauvaises langues ne manquaient pas qui chuchotaient : "Dans quelles circonstances, par quel hasard cet homme est-il devenu soudainement si riche et si heureux ?" - Rien n'excite davantage la jalousie que le bonheur d'autrui.

La femme du frère cadet se montrait tout particulièrement intriguée. Sans cesse elle répétait à son mari :

- En vérité, ce n'est qu'en dérobant une part de notre trésor qu'il a été possible à ton frère de s'enrichir ainsi.

Ayant trouvé cette explication vraisemblable et lui-même ne pouvant s'habituer au bonheur des autres, le mari fit venir son frère aîné et lui parla en ces termes :

- Qui t'a procuré de telles richesses ? Comment as-tu pu les obtenir ? Tu m'as pillé mon trésor, ajouta-t-il ; si tu refuses de me rendre les biens que tu m'as volés, je m'en vais tout de suite te dénoncer au roi : comme châtiment, celui-ci te fera crever les yeux.

À ces paroles, le frère aîné prit peur, et se décida à raconter tous les détails de son aventure.

– Lorsque, dit-il, je partis, me dirigeant vers un lieu si éloigné que tes yeux ne peuvent l'apercevoir, j'étais tout à fait désemparé et j'appelais la mort de tous mes vœux. Tandis que je cheminais ainsi, plongé dans la douleur et l'affliction, le hasard me permit de rencontrer sur une colline rocheuse ce sac et ce marteau.

Et il raconta, en détail, tous les événements auxquels il avait assisté et ce qui s'était passé depuis cette rencontre.

– Où donc se trouve ce lieu que tu as visité ? questionna le frère cadet, il faut absolument que tu me l'indiques.

À peine le frère cadet eut-il recueilli les explications nécessaires qu'il se mit tout de suite en route.

À l'exemple de son aîné, il se munit d'une cognée et d'une corde. Il ne tarda pas à atteindre la place où son frère avait rencontré les génies. De loin il les aperçut rassemblés autour du rocher et placés sur neuf rangs. Ils poussaient, sans interruption, d'effrayants hurlements. L'homme eut peur, mais il ne lui était plus possible de se soustraire aux regards des esprits. Ceux-ci l'avaient aperçu. Aussi, tandis que dans sa frayeur il cherchait vainement de tous côtés une voie de salut, toute l'assemblée des génies se rua sur lui et le saisit :

– C'est certainement cet homme qui nous a dérobé notre sac, clamaient-ils, nous allons le tuer.

Tandis que les démons se consultaient sur le genre de supplice auquel ils devaient soumettre le ravisseur, et que leur colère allait en s'exaspérant, une voix s'éleva parmi eux et l'un des génies dit :

– Pourquoi le ferions-nous périr ? Ne vaut-il pas mieux marquer son corps d'un signe indélébile, lui interdisant à jamais de reparaître au milieu des hommes ?

Cette proposition fut approuvée par tous les génies. Ils se consultèrent alors entre eux, mais ne savaient pas trop de quel stigmate terrible ils devaient frapper le coupable.

Une voix de nouveau s'éleva parmi les génies. Nous allons lui allonger le nez et y attacher huit verrues. Ce qui fut dit fut fait, et le nez allongé fut garni de huit tubercules. Alors, un des démons qui jusqu'à ce moment ne s'était pas mêlé à la discussion, prit la parole et dit :

– Placez-lui donc une neuvième de ma part.

Puis tous les génies disparurent subitement.

Portant, ou mieux traînant son nez, notre homme reprit le chemin de sa maison. Il n'y arriva que tard dans la nuit. Quelle ne fut pas la frayeur de sa femme ! Épouvantée, elle prit la fuite. Mais son mari la rappela :

– Ne me fuis pas, dit-il, je suis toujours le même homme qu'auparavant ; hélas, un épouvantable malheur est venu s'abattre sur moi au cours de mes pérégrinations. Il me faut vivre quelque temps encore ; après je n'aurai plus d'autre ressource que la mort.

Et tandis que de tous côtés les gens s'informaient de ce qui était survenu, le malheureux répétait sans cesse : "Malédiction, que m'est-il arrivé ?"

Or, à cette époque, précisément, un Lama * vivait dans le voisinage du frère cadet. Afin de pouvoir s'adonner complètement à la vie contemplative, ce Lama s'était réfugié dans une grotte. "Je vais faire appeler ce religieux, pensa le malheureux frère ; aussitôt qu'il paraîtra, je lui demanderai sa bénédiction ; je pourrai après mourir en paix, puisque c'est la suprême ressource qui me reste."

Le Lama fut donc mandé ; il se rendit à l'invitation. Lorsqu'il arriva à la demeure de l'infortuné, ce dernier, n'osant montrer sa terrible infirmité, demeurait assis, la tête baissée, attendant la bénédiction du Lama. Cette attitude intrigua fort le religieux :

– Que t'est-il donc advenu ? montre-moi ta figure, dit-il.

Mais, le malheureux n'osait lever la tête :

– C'est inutile, répondit-il, aussitôt que tu m'auras donné ta bénédiction, ma suprême ressource sera la mort.

– Mais cela importe peu, montre donc, reprit le Lama.

L'homme, alors, releva la tête. À la vue de la terrible infirmité, la frayeur du Lama fut si grande qu'il s'enfuit sur-le-champ. Le malheureux le fit cependant appeler à nouveau, et, afin de calmer sa terreur, le combla de riches présents. Après quoi il lui raconta en détail tous les événements qui s'étaient accomplis. Enfin, il demanda au Lama s'il possédait quelque moyen de le débarrasser de son infirmité.

– Je n'en connais aucun, répondit le saint homme ; je vais examiner les livres sacrés. Toutefois je crains fort que le moyen d'accomplir une œuvre aussi charitable ne puisse

* Moine bouddhiste. *(N.d.l'É.)*

que très difficilement s'y trouver. Ta mort serait cependant un péché.

– Jusqu'à demain je vais m'en tenir à ton ordre, reprit le malheureux ; mais, comment ne pourrais-je pas souhaiter la mort, si aucun remède n'est capable de guérir mon mal.

Le lendemain, le Lama revint, et dit alors :

– Il n'existe qu'une seule ressource pour te délivrer de ton infirmité : seuls le sac et le marteau rapportés par ton frère peuvent dénouer les nœuds de ton nez. Hors ce remède, aucune chance n'existe pour toi. Vainement j'ai consulté mes livres : rien ne s'y rencontre se rapportant à un cas aussi extraordinaire.

Le frère cadet s'empressa d'envoyer sa femme chez son frère, le priant de venir en hâte et d'apporter avec lui le sac et le marteau. Mais la conduite antérieure du frère cadet n'inspirait à l'aîné qu'une faible confiance. "Si mon frère me fait demander si instamment, pensait-il, ce ne peut être que dans l'espoir de me dérober mon sac et mon marteau". Cependant, comme le cadet faisait affirmer ses sentiments de loyauté, l'aîné emporta ses instruments et se rendit chez son frère :

– Quel malheur t'est donc arrivé, demanda-t-il en entrant, pourquoi réclames-tu ma présence ?

– Vois ce qui m'est arrivé, répondit le cadet, vois mon malheur et mon affliction. Toi seul peux me porter secours. Je te donnerai autant de trésors que tu puis en désirer, mais délivre-moi de ma terrible infirmité. Délie les nœuds de mon nez, en les touchant avec ton marteau. Si tu consens à m'apporter ce secours, tu recevras en récompense la moitié de mon domaine et de ma fortune.

À ces paroles, le frère aîné répondit :

– Si tes promesses sont sérieuses, donne-moi les par écrit, et revêts la lettre de ton sceau.

Le cadet accorda ce que l'aîné demandait ; il renouvela par écrit ses promesses, s'engageant, si son frère parvenait à délier les neuf nœuds de son nez, à lui accorder la moitié de sa fortune, de ses biens et de ses terres. Lorsque le frère aîné eut en main l'engagement écrit, il se mit à agiter son marteau, le promenant autour du nez tandis qu'il prononçait ces paroles :

– Que les nœuds des huit troupes de génies se délient.

Et, comme par enchantement, chaque fois qu'il levait son marteau, un des nœuds se détachait. Lorsqu'il ne resta plus qu'un seul nœud, sa belle-sœur, femme avare et cupide, se prit à regretter la promesse faite par son mari.

"Hélas ! pensait-elle, combien je déplore l'abandon de notre fortune, de nos biens et de nos terres ; mais c'est très facile de délier ces nœuds."

Aussi s'écria-t-elle :

– Ne délie pas ce dernier nœud, arrête-toi.

– Vous ne tenez pas ce que vous avez promis par écrit et par sceau, s'écria le frère aîné, vous ne gardez pas la parole donnée.

Et, saisissant son marteau, il s'enfuit, en pensant "Si je ne délie pas ce dernier nœud, il s'en faudra de bien longtemps que ce prodige ne s'accomplisse." Tandis qu'il s'éloignait, sa belle-sœur avait suivi ses traces. Au moment où il s'apprêtait à pénétrer dans sa demeure, elle lui arracha le marteau qu'il portait dans sa ceinture, et s'enfuit avec l'objet convoité vers sa maison.

– Elle m'a arraché mon marteau, gémissait le frère aîné, en se précipitant sur les traces de sa belle-sœur.

Tandis qu'il la poursuivait, celle-ci avait déjà atteint sa demeure. Elle se mit tout de suite à l'œuvre, pensant employer le marteau magique pour délier le dernier nœud. Répétant la formule qu'elle avait entendu prononcer : "Que les nœuds des huit rangées de génies se dénouent", elle se mit à agiter le marteau, ainsi que l'avait fait son beau-frère. Mais comme elle ne connaissait pas le poids de l'instrument enchanté elle frappa son mari si violemment au front que le crâne se brisa, laissant la cervelle s'échapper de tous côtés. Ce n'était pas la délivrance, mais la mort qu'elle apportait à son mari.

Toutes les terres, les lacs, les étangs, tous les autres biens, la femme elle-même, bref tout devint la propriété du frère aîné.

ET POUR FINIR...

POURQUOI LES ÊTRES FÉERIQUES SE CACHENT-ILS ?

Un jour, le Dieu Tout-Puissant alla trouver Adam et Ève ; ceux-ci l'accueillirent joyeusement et lui montrèrent tout ce qu'ils avaient dans leur maison ; ils lui montrèrent aussi leurs enfants qui lui semblèrent très prometteurs. Dieu demanda à Ève si elle avait d'autres enfants à part ceux qu'elle venait de lui présenter.

– Non, répondit-elle.

Mais, en vérité, Ève n'avait pas fini de laver certains de ses enfants et avait eu honte de laisser Dieu les voir ; aussi les avait-elle dissimulés quelque part. Dieu, qui le savait, dit :

– Ce qui m'a été caché le sera aussi aux hommes.

Et depuis, ces enfants devinrent invisibles et vécurent dans les bois et les landes, les tertres et les rochers. Les êtres féeriques sont leurs descendants, tandis que les hommes sont ceux des enfants qu'Ève a montrés à Dieu. Les hommes ne peuvent jamais voir les êtres féeriques à moins que ces derniers ne le souhaitent ; ils peuvent voir les hommes et se faire voir d'eux. C'est pour cette raison que les êtres féeriques sont également nommés le "Peuple Caché".

Diverses sont les raisons pour lesquelles Ève, la première femme, a dissimulé une partie de ses enfants : en Islande, Nor-

"Trolls de l'ancienne Scandinavie"
in Thomas Keightley, The Fairy Mythology, *1880.*

vège et Laponie, ils étaient trop sales, au Pays de Galles trop nombreux et trop laids en Afrique. Toujours est-il que ces récits expliquent non seulement l'origine des êtres surnaturels mais sous-entendent leur parenté avec les humains... Ne sont-ils pas, en effet, notre face cachée, invisible, l'envers du miroir où chacun peut découvrir sa propre image ?

SOURCES BIBLIOGRAPHIQUES

POUR COMMENCER

• "Monseigneur le Foyer", texte de Sylvie Ferdinand d'après diverses sources orales et écrites dont l'ouvrage de Henri Maspéro, *Le Taoïsme et les religions chinoises,* RNF Gallimard, 1971.

CONTES DES PAYS DE FRANCE

Bretagne

• "Mon Cher Monsieur Wentz", lettre, Anatole Le Braz du 1er nov. 1910. W.Y. Evans Wentz, *The Fairy Faith in Celtic Countries,* Oxford University Press, 1911.

• "Iannic-Ann-Ôd", par Anatole Le Braz *La Légende de la Mort,* H. Champion, 1902. Nouv. éd. Terre de Brume, 1994.

• "Teuz-ar-pouliet", par Émile Souvestre, *Le Foyer breton,* W. Caudebert, 1844. Nouv. éd. Terre de Brume, 2000.

• "Les Kerious et les Korigans", par Zacharie Le Rouzic, *Carnac.* Nouv. éd. Imprimerie bretonne, 1956.

• "Croyances de Haute-Bretagne", par Paul Sébillot, *Traditions et Superstitions de la Haute-Bretagne,* Maisonneuve et Cie, 1882.

Normandie

• "Goublins et trésors", par Jean Fleury, *Littérature orale de la Basse-Normandie,* Maisonneuve, 1884.

Franche-Comté

• "Le servant des servantes", par D. Monnier et Vingtrinier, *Croyances populaires recueillies dans la Franche-Comté,* Henri Georg, 1871.

Picardie

• "La légende du ménétrier", par Henri Carnoy, *Littérature orale de la Picardie,* Maisonneuve et Cie, 1883.

Midi-Pyrénées

• "Les petits hommes", par Jean-François Bladé, *Contes de la Gascogne,* Maisonneuve et Cie, 1886.

Alsace

• "Le petit homme rouge de Strasbourg", par Auguste Stoeber, *Die Sagen des Elsasses nach Volksüberlieferung, gedruckten und handschiftichen Quellen gesammelt und erlaütert, mit einer Sagenkarte,* Saint Gallien, 1852.

Centre

• "Le Lupeux", par George Sand, *Légendes rustiques,* 1858.

• "Le Hupeur", par Claude Seignolle, *Les Chevaux de la nuit et autres récits cruels,* Bibliothèque Marabout, Verviers, Éditions Gérard et Cie, 1967.

Île de France

• "Le pauvre bougre et le bon génie", par Alphonse Allais, *Le Chat noir,* 1er août 1885.

• "La logique mène à tout", France-Loisirs, 1986".

Nord

• "La marmite du diable", par Charles Deulin, *Les Contes du roi Cambrinus,* E. Dentu, 1874.

CONTES DES PAYS DU MONDE

Pays de Galles (Royaume-Uni)

• "Le cercle enchanté", par Wirt Sikes, *British Goblins,* The Realm of Faeries, 1880. Nouv. éd. Llanerch Publishers, 1999. Traduction française de Sylvie Ferdinand.

• "Les esprits malfaisants", par Giraud de Galles, *Itinerarium Kambriae,* 1191, livre 1. Traduction française de Sylvie Ferdinand.

• "La haie d'ajoncs épineux", par Wirt Sikes, *British Goblins,* ibid.

Ecosse (Royaume-Uni)

• "L'esprit du garde-manger", par Walter Scott, *Minstrelsy of the Scottish Border,* 1932.

• "Les Brownies inspirateurs", par R. Louis Stevenson. *The Scribner's Magazine,* janvier 1888. Cité par Edouard Brasey dans *Nains et Gnomes*, Pygmalion, Gérard Watelet, 1999.

Irlande

• "Le champ de jacobées", selected and edited by J. Jacobs, *Celtic Fairy Tales,* 1892. Traduction française de Sylvie Ferdinand.

Suisse

• "Les nains des montagnes", par Thomas Keightley, *The Fairy Mythologie,* 1880. Nouv. éd. *The World Guide to Gnomes, Fairies, Elves and Other Little People,* Crown Publishers Inc., 1978. Traduction française de Sylvie Ferdinand.

• "Le chasseur de chamois", par Thomas Keightley, ibid.

Allemagne

• "Les feux-follets", par René Basset, la *Revue des traditions populaires,* 1904, T. XIX.

• "Le nain dans le Hüneburg", la *Revue des traditions populaires,* 1901, T. XVI.

• "Les aventures de Martin Waldeck", par Walter Scott, *The Antiquary*, Constable, 1816. Nouv. éd. Terre de Brume, *La Veuve des Highlands et autres contes,* 1999.

Norvège

• "Le chat de Dovrefjell", par Georges Webbe Dasent. *Popular Tales from the Norse,* 1859. Nouv. éd. J. Simpson, *Penguin Book of Scandinavian Folktales,* 1994. Traduction française de Sylvie Ferdinand.

• "Le cauchemar", par Andréas Faye, *Norske Folke-Sagn,* Christiana, 1844. Nouv. éd. J. Simpson, ibid.

Danemark

• "Le Klaboltermand du bateau", par Laurits Bodker, Danske Foolkesagn, 1958. Nouv. éd. J. Simpson, ibid.

• "Le lutin de l'épicier", par Hans Christian Andersen, *Contes,* Boivin Editeurs, sd.

Finlande

• "La désobéissance punie", par J. Nippgen, la *Revue des traditions populaires*, 1911, T. XXVI.

Palestine

• "Les génies de l'Iïlandy-dag", par Henri Carnoy et Jean Nicolaïdes, *Traditions populaires de l'Asie Mineure,* GP Maisonneuve et Larose, 1888.

Monde arabe

• "Histoire du pêcheur avec l'efrit", *Les Mille et Une Nuits*, Traduction de J.C. Mardrus, *Revue Blanche,* 1899.

Inde

• "Le Râkchasa, le voleur et le singe", *Le Pancatantra*, Traduit du sanskrit par E. Lancereau, 1871. Nouv. éd. Connaissance de l'Orient, Gallimard Unesco, 1965.

Arménie

• "Les esprits des maladies", par Erwand Lalayantz, la *Revue des traditions populaires,* 1895, T. X.

Chine

• "L'aventure d'un lettré", par P'ou Song-Ling, traduction anglaise de H. A. Giles, *Strange Tales from a chinese Studio,* Cambridge University Press, 1908. Traduction française de Sylvie Ferdinand.

• "La fresque", par P'ou Song-Ling, *Contes étranges du cabinet Leao,* traduit du chinois par Louis Laloy, Piazza, 1925.

Thaïlande

• "Les "Phi" des salas", par Charles Hardouin, la *Revue des traditions populaires,* 1890, T. V.

Mongolie

• "Le nez à tubercules", par J. Nippgen, la *Revue des traditions populaires,* 1909, T. XXIV.

ET POUR FINIR...

• "Pourquoi les êtres féeriques se cachent-ils ?", par Jon Arnason, *Islenskar pjordsögur og Aefintyri,* 1862-1864. Nouv. éd. J. Simpson, ibid.

TABLE DES MATIÈRES

Deuxième partie

CONTES DES PAYS DU MONDE

Déjà paru dans la collection
LES PLUS BEAUX CONTES

• *La Bretagne d'Anatole Le Braz*
• *Les Noëls bretons*
textes choisis et présentés par Dominique Besançon

• *Les Derniers Jours de la ville d'Ys*
Georges G.-Toudouze

• *Contes du Diable*
• *Châteaux fantastiques de Bretagne*
textes choisis et présentés par Olivier Eudes

• *La Légende du roi Arthur (2 tomes)*
Jacques Boulenger

• *Petits Contes licencieux des provinces de France*
textes choisis et présentés par Philippe Camby

• *Galéjades et joyeuses histoires de Provence*
• *Contes & facéties des enfants de Provence*
textes choisis et présentés par Thibaut d'Orsan

• *Le Légendaire de la mer*
Jean Merrien

• *Brocéliande*
Charles Le Goffic & Auguste Dupouy

Déjà parus dans la collection
LES CONTES DU MONDE ENTIER
collection dirigée par Dominique Besançon

• *Contes drolatiques du monde entier*
• *Morts, fantômes et revenants*
• *Fées, naïades et nymphes*
• *Possession, sorcellerie & envoûtement*
• *Gnomes, lutins & korrigans*
• *Dragons, Licornes et Autres Chimères*
• *Vampires, Goules et autres Zombies*
textes choisis et présentés par Dominique Besançon

Achevé d'imprimer en France sur les presses de Dumas-Titoulet Imprimeurs
en février 2006 pour le compte des éditions Terre de Brume.
N° d'imprimeur : 43667
Dépôt légal : avril 2006